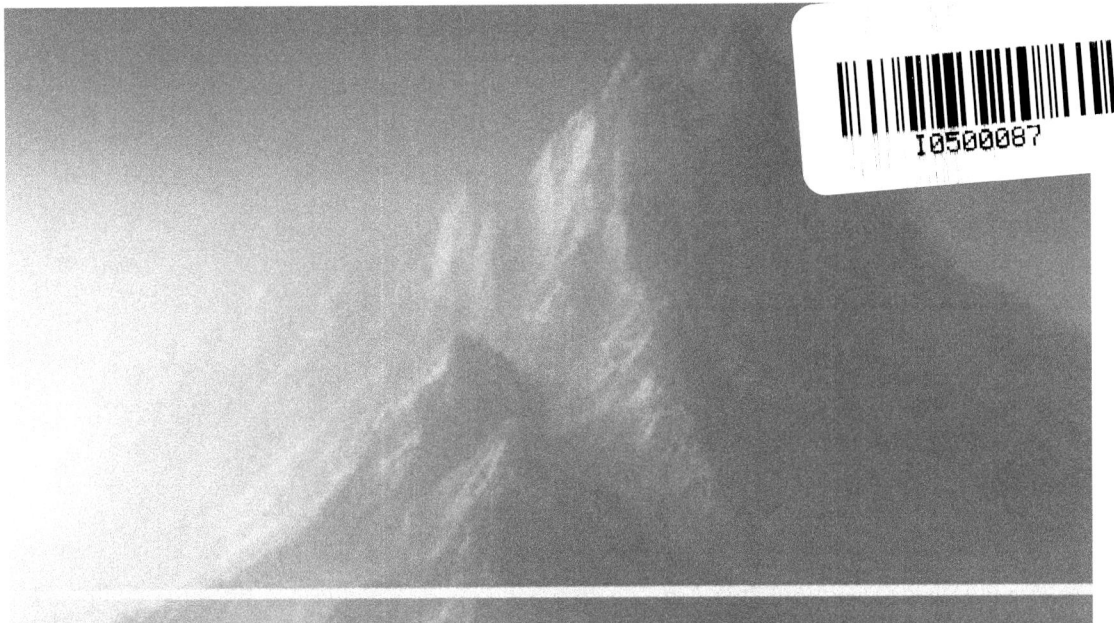

Fallimento di piccole imprese a causa del rischio di proprietà

Anddy Park

L'autore

Anddy Park

Anddy è il direttore finanziario di Yuil technolgy investment, una società di venture capital sudcoreana, ed è uno dei principali gestori del suo fondo di venture capital.

Ha lavorato come investitore di capitale di rischio presso KDB Capital e come revisore dei conti presso Choeun Savings Bank. È stato anche CEO di Yuil Capital Partners e Careernet, e ha una vasta esperienza che spazia dalla consulenza aziendale alla finanza di rischio e al consumo.

In qualità di dirigente di un istituto finanziario per oltre 10 anni, ha sperimentato più volte come i cambiamenti del contesto macroeconomico possano determinare il destino delle istituzioni finanziarie.

In seguito a questa esperienza, si è interessato alle cause e alle conseguenze delle crisi economiche, in particolare nel 1997, quando la Corea ha richiesto un salvataggio da parte del FMI, e nel 1998, quando le istituzioni e le società finanziarie sono state ristrutturate. Di conseguenza, ha scritto Money, Speculation and Fraud.

Il libro è una raccolta di esempi reali basati sulle sue esperienze, che spera possano servire da lezione per i piccoli imprenditori.

Anddy si è laureato in economia all'Università di Corea, ha 30 anni di esperienza in istituzioni finanziarie e nel settore manifatturiero ed è autore di quattro libri: Money, Speculation, Fraud e ABC of Finance for Dummies.

Contenuti

Prefazione

Nei miei quasi 30 anni di lavoro nel mondo aziendale, ho lavorato con molte piccole e medie imprese e, se da un lato ci sono ottimi esempi di aziende che sono cresciute fino a diventare medie imprese, dall'altro ce ne sono parecchie che sono fallite.

Le storie di best practice vengono spesso diffuse invitando i giornalisti a intervistare l'amministratore delegato quando ne hanno bisogno, scrivendo storie di crescita e promuovendole sui media, ma le storie di aziende fallite o scomparse dal mercato sono spesso difficili da ascoltare, a meno che non si sia stati coinvolti in esse o nel settore.

Nel mio caso, ho imparato a conoscere i fallimenti grazie al mio lavoro di consulenza manageriale, di investimento e di prestito per istituzioni finanziarie, o grazie al mio ruolo diretto di direttore finanziario. Ho anche sentito molte storie di aziende fallite da conoscenti.

Queste storie sono più difficili da trovare rispetto alle best practice, e spero che possano servire come validi esempi di ciò che le piccole e medie imprese, attualmente in competizione per la sopravvivenza, non dovrebbero fare.

Tuttavia, a causa della natura di denuncia di alcune storie, sono stati utilizzati pseudonimi piuttosto che riferimenti diretti a nomi reali, e le storie sono basate sulla saggistica, con un po' di finzione inevitabilmente inserita nel mix.

Così come ci sono molte dittature nel mondo, ci sono anche molti dittatori nelle aziende. Non biasimo i dittatori aziendali perché alcune persone creano aziende per essere dittatori.

Tuttavia, se il dittatore è incompetente, avido o incapace di distinguere tra affari e piacere, la maggior parte dei dipendenti non è immune alla tirannia del dittatore e deve sopportare il dolore per il bene dell'organizzazione.

Molti di noi possono identificarsi con le situazioni umilianti e distruttive per l'ego che devono sopportare per guadagnarsi da vivere, ma il dittatore sembra gioire del dolore e non mostra segni di scuse o rimorso, e il potere incontrollato non fa che rafforzarsi.

Nella speranza che i dittatori riconoscano che le loro decisioni hanno un profondo impatto sulla vita di innumerevoli dipendenti e delle loro famiglie che vivono e muoiono per le loro aziende, esaminiamo come le loro azioni hanno portato al collasso delle imprese.

Piuttosto che analizzare i diritti e i torti della bancarotta e dell'appropriazione indebita, questo libro è uno sguardo cauto e scanzonato su come le azioni di individui che possono avere un enorme impatto su un'azienda possono influenzare un'organizzazione.

1. Versione coreana di "Ripley's Believe It or Not" (Credici o no)

Ho scelto il primo episodio per raccontare la storia di Kim, il proprietario di una cassa di risparmio (un istituto finanziario coreano simile a una S&L negli Stati Uniti) in cui lavorava un mio conoscente, che l'ha fatta diventare il settimo istituto finanziario del Paese con 2.000 miliardi di dollari di attività, ma è stato sorpreso a rubare i soldi dei clienti e a cercare di svignarsela poco prima della chiusura della banca.

Kim è nato nel 1956 in una povera famiglia di contadini ad Asan, nella provincia di Chungcheongnam, in Corea del Sud, primogenito di tre figli e una figlia. Dopo aver conseguito il diploma alle scuole elementari, ha frequentato la scuola superiore, che però non era riconosciuta ufficialmente, e anche in quel caso è stato bollato come piantagrane ed espulso. Si trasferì quindi a Seul e si dice che abbia lavorato in una fabbrica.

Era un truffatore che si spacciava per studente di legge alla SNU (Seoul National University), una delle migliori università della Corea del Sud, anche se la sua vera formazione consisteva in un GED (General Educational Development Examination) e in un diploma biennale di community college.

Dopo essersi arruolato nell'esercito, Kim ha incontrato uno studente di legge della SNU che si era arruolato nel 1978. Come i truffatori sono soliti fare, Kim gli disse che anche lui era uno studente di legge all'Università Nazionale di Seoul, che aveva superato la scuola superiore con un GED perché la sua famiglia era povera e che si era arruolato nell'esercito non appena era stato accettato nel programma di legge perché non conosceva nessuno del programma.

I due sono diventati molto amici e, anche dopo aver lasciato l'esercito, ha seguito il suo amico nell'Associazione degli Alumni della Scuola di Legge dell'Università Nazionale di Seoul, vivendo la vita di una versione coreana di Ripley.

La sindrome di Ripley, resa famosa dai film "Mezzogiorno di porpora" con Alain Delon e "Il talento di Mr. Ripley" con Matt Damon, è una condizione in cui una persona crede fermamente che una falsa immagine di sé sia il suo vero io e vive secondo quell'immagine. Sebbene la sindrome di Ripley in sé non sia riconosciuta come malattia mentale, viene trattata come uno dei sintomi di altri disturbi, come le manie di grandezza e i disturbi deliranti.

Si tratta di un fenomeno in cui una persona con un elevato bisogno di realizzazione, incapace di soddisfare i propri bisogni, soffre di sentimenti di inferiorità e vittimizzazione e dice bugie ripetute e abituali, credendole vere e agendo falsamente in un mondo che ha creato.

Quando si è trasferito a Seoul, ha mentito ai suoi genitori dicendo di aver sostenuto l'esame di ammissione all'università e di essere entrato alla facoltà di legge dell'Università Nazionale di Seoul e si è fatto fotografare con i suoi genitori davanti all'ingresso principale dell'università.

Dopo essere stato congedato dall'esercito, ha falsificato una tessera studentesca e ha iniziato a partecipare alle riunioni degli ex alunni della SNU Law, dove è diventato presidente del gruppo con l'eloquenza e la spudoratezza di un truffatore.

A quel tempo, l'atmosfera nel dipartimento di legge dell'Università Nazionale di Seoul era individualista e incentrata sullo studio per l'esame di abilitazione alla professione di avvocato, un test nazionale per diventare avvocato, quindi nessuno voleva assumersi incarichi generali nel dipartimento. In una situazione del genere, la sua immagine di studente proattivo che prendeva l'iniziativa per aiutare le attività del dipartimento non poteva che essere positiva.

Frequentò ogni giorno le lezioni di legge della SNU, sostenne gli esami ed estese le sue attività oltre i confini di un finto studente universitario, come presidente del consiglio studentesco, presidente del club, presidente del club GED e presidente di classe.

A quel tempo, i registri degli studenti non erano informatizzati e la facoltà di giurisprudenza aveva molti studenti che si preparavano per l'esame di abilitazione alla professione di avvocato, quindi la facoltà sfruttava la debolezza di una gestione accademica poco rigorosa dicendo che gli studenti di giurisprudenza si stavano preparando per l'esame di abilitazione.

Ha anche approfittato del fatto di essere uno studente di legge dell'Università Nazionale di Seoul per diventare un tutor. Si occupava principalmente di dare ripetizioni agli studenti del terzo anno delle scuole superiori, concentrandosi sugli esami di ammissione all'università.
Allo stesso tempo, ha studiato per l'esame di abilitazione alla professione forense e si è presentato alla prima prova mentre era ancora all'università e, sebbene abbia dichiarato di aver fallito per una sola domanda, il suo punteggio medio alla prima prova è stato di 26 su 100.

La sua diligenza fu riconosciuta dai compagni di classe e di corso e un suo compagno lo presentò alla sorella di suo cugino, la figlia del presidente di un grande ospedale, iscritta a infermieristica in una delle più prestigiose università femminili della Corea del Sud.

Nel 1982, Kim si spacciò per studente di legge all'Università Nazionale di Seoul e sposò la figlia del direttore dell'ospedale, che gli era stata presentata da un compagno di classe. La cerimonia fu officiata dal preside della facoltà di legge dell'Università Nazionale di Seoul e la maggior parte degli studenti di legge partecipò come ospite.

Nessuno sospettava che Kim fosse un falso studente di legge della SNU, perché era molto visibile e presente in varie funzioni della scuola.

I suoi compagni di classe hanno festeggiato il suo matrimonio raccogliendo fondi per comprargli un frigorifero come regalo per la luna di miele.

Ha mentito ai genitori di uno studente a cui faceva da tutor, dicendo loro che aveva superato il primo esame di abilitazione alla professione forense, e li ha ingannati dicendo loro che aveva un buon investimento, per cui ha acceso un'ipoteca su un immobile e ha usato il denaro per comprare la sua nuova casa.

La frode di Kim è stata scoperta nel 1983 durante la preparazione dell'annuario della Seoul National University Law School. Quell'anno, per la prima volta, gli annuari dovevano includere i veri nomi degli studenti e dei loro istituti, e fu durante il processo di verifica del suo vero nome che si scoprì che era un falso studente della SNU.

Aveva anche scattato una foto di laurea per l'annuario, e durante il processo non aveva scritto il suo indirizzo per l'annuario, ma quando l'ufficio del dipartimento ha controllato il registro per inserire il suo indirizzo dopo che si era sposato ed era andato in luna di miele, si è scoperto che era un falso studente universitario. Si trattò di un grave incidente che venne riportato dai media dell'epoca e che in seguito divenne il soggetto di un romanzo.

Non fu punito legalmente per questa attività fraudolenta perché non aveva causato alcun danno ad altri studenti. Poiché non c'erano basi legali per punirlo e la sua immagine all'interno della scuola non era negativa all'epoca, non ha dovuto affrontare alcuna sanzione anche dopo che è stato confermato che era un falso studente universitario.

Quando si scoprì che Kim era un falso studente universitario, alcuni studenti lo cercarono all'interno della scuola, tra cui uno che oggi è il presidente della Corea del Sud.

Tuttavia, anche dopo aver scoperto che si trattava di un falso studente di legge della SNU, Kim ha continuato a mantenere i contatti con gli ex alunni, in particolare partecipando alle riunioni degli ex alunni della SNU Law, cosa che i veri ex alunni hanno tollerato perché aveva una buona immagine e un'ampia cerchia di amici perché li aveva guidati nella loro carriera accademica, quindi non c'era alcun vantaggio nel cacciarlo, e avere un uomo ricco che era sposato con la figlia del presidente di un ospedale nell'associazione degli ex alunni sarebbe stato vantaggioso in qualche misura.

Quando è scoppiata la truffa, la famiglia della figlia del direttore dell'ospedale, che era sposata con il presidente Kim, ha naturalmente esercitato pressioni su di lei affinché divorziasse, ma era incinta di sette mesi e all'epoca i pregiudizi sociali contro le donne divorziate erano molto forti.

Kim ha frodato la famiglia di un ex tutor per un totale di 16 milioni di won (circa 12.000 dollari) in spese di tutoraggio e guida per l'esame di ammissione all'università, ed è stato arrestato dalla polizia e incarcerato per aver frodato diversi investitori. All'epoca, lo stipendio mensile di una grande azienda era di circa 300.000 won (circa 230 dollari), quindi 16 milioni di won erano una somma piuttosto elevata.

Nel 1985 fece domanda di assunzione presso il Gruppo Daewoo, un importante conglomerato dell'epoca, e fu accettato. A quel tempo, il Gruppo Daewoo assumeva solo laureati provenienti da università prestigiose come l'Università Nazionale di Seoul, l'Università di Corea e l'Università di Yonsei, e sebbene avesse superato il sistema di risorse umane lassista dell'azienda, fu licenziato tre mesi dopo l'assunzione perché il controllo del background educativo dell'azienda rivelò che era un falso studente universitario.

Kim si è fatto prestare del denaro dai suoceri benestanti per avviare diverse attività, ma tutte sono fallite e lui è riuscito a risparmiare abbastanza per acquistare un'attività di sviluppo immobiliare e un'attività di estrazione in cui ha investito per caso. In seguito ha usato questi soldi per acquistare un'impresa di costruzioni, che è fallita durante la crisi finanziaria coreana del 1997, lasciandolo con miliardi di won di debiti. A quel punto, il signor Kim è diventato un cattivo rischio di credito.

Nonostante ciò, Kim è entrato nel settore finanziario nel 1999, quando ha acquisito la Korea Mutual Credit Bank, con sede sull'isola di Jeju, per 500 milioni di won, utilizzando il nome del fratello invece del proprio.

In seguito alla crisi finanziaria sudcoreana del 1997, per facilitare l'acquisizione di istituzioni finanziarie in crisi, il governo sudcoreano ha allentato le norme sull'acquisizione di istituzioni finanziarie, tra cui l'eliminazione dei test di qualificazione per i principali azionisti, il che ha facilitato l'acquisizione della società da parte di Kim, che aveva una storia creditizia mediocre.

Dopo aver acquisito la società, Kim si è servito dell'associazione degli ex allievi della Seoul National University Law School, che aveva mantenuto e sostenuto anche dopo la truffa del falso studente universitario, per reclutare i suoi amici ed ex compagni di classe nella cassa di risparmio.

Tuttavia, avendo una cattiva storia creditizia, non si sentiva a suo agio nel nominare se stesso come direttore generale. Aveva invece bisogno di qualcuno con un profilo più alto per assumere il ruolo di amministratore delegato e un conoscente gli presentò un altro capitalista di rischio, il signor Yoon.

Yoon era un truffatore e un assassino che aveva ucciso la moglie a Hong Kong, aveva tentato senza successo di chiedere asilo all'ambasciata nordcoreana di Hong Kong, poi era tornato in Corea del Sud e aveva mentito sul fatto di averla uccisa perché era una spia nordcoreana, glorificandosi come combattente anticomunista.

Yun proviene dalla stessa provincia di Chungcheongnam di Kim, ha abbandonato le scuole superiori e ha trascorso solo sei mesi nell'esercito, ma ha dichiarato in modo fraudolento di essersi laureato in un'accademia militare.
Come amministratore delegato di Pass21, un'azienda di lettori di impronte digitali, si è spacciato per un venture capitalist e ha pagato molte tangenti ai funzionari governativi.

Il presidente Kim ha nominato Yoon, che aveva un curriculum apparentemente variopinto, amministratore delegato di un'istituzione finanziaria che aveva acquisito e ha usato la sua notorietà per promuoverla.
Tuttavia, quando fu rivelata la verità sul caso di omicidio di Yoon e questi fu arrestato, Kim fu costretto a diventare lui stesso amministratore delegato e presidente dell'istituto finanziario.

La banca è stata rinominata Mirae Savings Bank nel 2000, poi ha acquisito la Budget Savings Bank nel 2002 e la Samhwan Savings Bank nel 2005. Nel 2005, la banca ha ampliato il suo raggio d'azione aprendo una filiale a Gangnam, Seoul, e nel 2009 ha acquisito la Hanil Savings Bank. A più di dieci anni dall'acquisizione, Mirae Savings Bank è cresciuta fino a diventare il settimo istituto finanziario del Paese, con un patrimonio di 2.000 miliardi di KRW.

Il principale prodotto di Mirae Savings Bank era costituito dai prestiti overnight. Mentre i prestiti normali richiedono garanzie e vengono ceduti quando gli interessi o il capitale sono in arretrato di tre o quattro giorni, i prestiti overnight richiedono il capitale e gli interessi ogni giorno, in modo che le garanzie possano essere messe all'asta non appena sono in arretrato di tre o quattro giorni.

Una garanzia rappresentativa che è stata rimossa in questo modo è la Geonjae Old House di Asan, Chungcheongnam-do.
Durante il regno del re Gojong della dinastia Joseon, un uomo di nome Gunjae Lee Sang-ik acquistò diverse case di piastrelle nelle vicinanze e costruì una tipica casa di piastrelle, che era così preziosa da essere designata come bene culturale popolare nazionale.

Si dice che i soli pini del giardino valessero miliardi di won. Tuttavia, quando Lee, un discendente di Lee Sang-ik, prese in prestito 7 miliardi di won (5,26 milioni di dollari) dalla Mirae Savings Bank usando la casa come garanzia per la sua attività di trasformazione alimentare, e Lee non riuscì a ripagare il prestito, il presidente Kim la mise all'asta e prese possesso della casa.

Quando Lee perse la proprietà della casa, secondo quanto riferito, si suicidò per il senso di colpa di non essere stato in grado di proteggere la proprietà ereditata dai suoi antenati.

Kim la trasformò in una villa privata e acquistò i castagni circostanti e 80.000 metri quadrati di terreno a nome di un parente, piantando fiori e alberi di ogni tipo e creando un giardino privato. La villa era così grande che si poteva vedere solo dopo aver attraversato il prato per 15 minuti.

Il Presidente Kim ha anche acquistato 3.305.800 ㎡ di terreno nei dintorni di Asan, Chungcheongnam-do, per costruire un bellissimo campo da golf chiamato CC, che ha preso in prestito a nome di un'altra persona per finanziare la costruzione del campo da golf. Tra questi prestiti, quello illegale della Mirae Savings Bank ammontava da solo a più di 200 miliardi di won (150 milioni di dollari).

Durante questo processo, il signor Heo, un altro truffatore, è venuto a sapere che il presidente Kim aveva preso in prestito illegalmente 200 miliardi di won per finanziare la costruzione del campo da golf e, insieme al signor Lee, un ex assistente parlamentare, ha inviato un'e-mail al presidente Kim, minacciandolo.

Facendo pressione sul Servizio di vigilanza finanziaria e sui pubblici ministeri affinché denunciassero i prestiti illegali del presidente Kim, Heo ha ottenuto da Kim 380 milioni di won (circa 300.000 dollari). Ha anche ottenuto 85 milioni di won (circa 64.000 dollari) dal signor Kim, un dipendente della Mirae Savings Bank che ha partecipato ai prestiti illegali, minacciandolo che sarebbe stato imprigionato anche lui se le indagini sui prestiti illegali fossero andate avanti.

Heo, che alla fine è stato arrestato con l'accusa di frode, si era laureato in legge all'Università di Harvard (USA) ed era stato a capo delle filiali coreane e di Hong Kong della Central Intelligence Agency (CIA) statunitense, ma si è scoperto che aveva solo un diploma di scuola superiore.

Quando il mercato immobiliare sudcoreano è crollato alla fine degli anni 2000, i prestiti per il finanziamento di progetti immobiliari, un punto fermo delle casse di risparmio, hanno iniziato ad andare male.

Questo ha fatto sì che il coefficiente patrimoniale della Mirae Savings Bank, che alla fine di giugno 2010 era del 9,34%, scendesse a -10,17% nel giro di un anno. La causa principale del fallimento è stato lo stesso Kim.

Alle 3 del mattino del 5 giugno 2011, quando la redditività della Cassa di Risparmio si stava deteriorando, suo figlio, funzionario dell'ufficio distrettuale Gwanak di Seoul (una forma di servizio militare sudcoreano che gli consentiva di prestare servizio come funzionario dell'ufficio distrettuale), ha guidato una Mercedes Benz ad alta velocità in Apgujeong-dong, Gangnam-gu, Seoul, schiantandosi contro sei o sette auto e ferendo gravemente sei persone.

Il figlio del Presidente Kim, che in quel momento era ubriaco, ha guidato una Benz noleggiata dalla Mirae Savings Bank e si è schiantato contro otto auto prima di fuggire ed essere catturato dalla polizia, che è stata fermata dai tassisti che hanno assistito all'incidente.

In quel momento, il suo tasso di alcol nel sangue era dello 0,137% e il figlio di Kim avrebbe gridato al tassista che lo inseguiva: "Mio padre è il capo della Mirae Savings Bank".

Nel frattempo, mentre la gestione della cassa di risparmio si deteriorava, il presidente Kim dovette aumentare il rapporto BRI oltre l'8% per evitare il fallimento della banca. Per fare ciò, aveva bisogno di aumentare il capitale della Mirae Savings Bank, così elaborò un piano con Lim, presidente della Solomon Savings Bank, e Hong Won-jeong, capo della Seomi-Gallery, che aveva monetizzato opere d'arte di politici e uomini d'affari famosi.

Il suocero e il cognato di Hong erano dei chaebol, quindi li conosceva bene e si era fatto pagare per i loro quadri. A causa delle regole poco chiare sul valore dei dipinti, il commercio era spesso usato come un modo per evadere le tasse e nascondere il denaro.

In primo luogo, Kim ha prestato 28,5 miliardi di won (21 milioni di dollari) alla Solomon Savings Bank come garanzia per un aumento di capitale di 3 miliardi di won (2,2 milioni di dollari), utilizzando i dipinti che possedeva nella galleria come garanzia. Kim ha poi dato in pegno alla Solomon Savings Bank alcuni dei dipinti ricevuti in garanzia dalla galleria, ricevendo un prestito di 30 miliardi di won (22,5 milioni di dollari).

Kim ha poi dato in pegno il resto dei dipinti ricevuti in garanzia dalla Sumi Gallery alla Hana Capital e la Mirae Savings Bank ha ricevuto un aumento di capitale di 14,5 miliardi di won (11 milioni di dollari) dalla Hana Capital.

Inoltre, ha convinto i dipendenti della società a partecipare all'aumento di capitale di Mirae Savings Bank con 8 miliardi di won (6 milioni di dollari) di stipendi e indennità di licenziamento.

Tuttavia, Mirae Savings Bank, il cui rapporto BIS è sceso a -16% a causa della cattiva gestione, è stata infine sospesa nel maggio 2012 e i dirigenti della banca che hanno rubato il denaro dei clienti attraverso frodi e prestiti illegali non hanno potuto evitare la punizione legale. Di conseguenza, ai dirigenti della cassa di risparmio, compreso il presidente Kim, è stato ordinato di lasciare il Paese.

Il 3 maggio 2012, di fronte ai dipendenti della società, Kim ha dichiarato: "Le probabilità sono inferiori al 50/50, ma faremo del nostro meglio per salvare la cassa di risparmio". Ha incoraggiato i dipendenti e ha chiesto loro di non arrendersi.

All'epoca, il motto della Mirae Savings Bank era "cambia idea", ma alla fine Kim non ha cambiato idea sul salvataggio della banca e ha invece pianificato la fuga sottraendo fondi.

Nell'aprile 2012, Kim ha sottratto 200.000 azioni di un grande conglomerato dalla custodia della Mirae Savings Bank e ha cospirato con uno strozzino per pagargli 8 miliardi di won (6 milioni di dollari) di commissioni e incassare circa 19 miliardi di won (circa 14 milioni di dollari) in anticipo.

Dopo aver incoraggiato i suoi dipendenti, Kim si è recato in una filiale della Woori Bank dove erano depositati 25 miliardi di won (circa 19 milioni di dollari) di fondi della Mirae Savings Bank e ha tentato di prelevare i fondi all'insaputa dei dipendenti della società.

All'epoca, un dipendente della cassa di risparmio, preoccupato per una corsa agli sportelli dovuta al deterioramento della gestione della Mirae Savings Bank, aveva prelevato in anticipo 5 miliardi di won (circa 4 milioni di dollari) e li aveva depositati su un altro conto della Mirae Savings Bank, rendendo l'importo disponibile per il prelievo pari a 20,3 miliardi di won (circa 15 milioni di dollari).

Tuttavia, quando il personale della banca ha detto al presidente Kim, che non conosceva la password perché il personale non gliel'aveva comunicata, che non poteva prelevare il denaro, egli ha portato con sé i documenti pertinenti, tra cui il sigillo aziendale della società e il suo sigillo personale, e ha reimpostato la password del conto e alla fine ha prelevato 20,3 miliardi di won in contanti.

La Woori Bank, che non ha indicato il motivo del cambio di password al momento della reimpostazione della password del conto, è stata successivamente multata dal Financial Supervisory Service e il responsabile è stato sanzionato.

Kim, che progettava di contrabbandare in Cina, attraverso il porto di Gungpyeong a Hwaseong, nella provincia di Gyeong, circa 40 miliardi di won (circa 30 milioni di dollari), di cui 20,3 miliardi di won (circa 15 milioni di dollari) prelevati dalla banca e 19 miliardi di won (circa 14 milioni di dollari) incassati anticipando azioni. I 19 miliardi di won (circa 14 milioni di dollari) che aveva raccolto incassando azioni in anticipo, li ha affidati per 5,6 miliardi di won (circa 4,2 milioni di dollari) a un autista, compagno di classe di Kim alle scuole elementari, affinché li portasse al porto.

Tuttavia, l'autista è fuggito con il denaro e non si è mai presentato al porto.

Dopo aver incontrato il signor Oh, un ex gangster e agente di contrabbando, al porto di Gungpyeong a Hwaseong, Gyeonggi-do, per contrabbandarlo a bordo di una piccola imbarcazione da 9,5 tonnellate, Kim è stato scoperto dalla Guardia Costiera sudcoreana, che era sotto copertura, e arrestato nella cabina dell'imbarcazione di contrabbando.

Al momento dell'arresto, Kim aveva con sé un passaporto e 12 milioni di won (9.000 dollari) in contanti e ha dichiarato la sua innocenza: "Non stavo cercando di contrabbandare, stavo solo salendo sulla barca". Le decine di miliardi di won in contanti di cui Kim si era disfatto non sono state trovate sulla scena e non si sa dove le abbia nascoste.

La Mirae Savings Bank, chiusa insieme alla Solomon Savings Bank il 6 maggio 2012 a causa della cattiva gestione di Kim, contava 88.000 depositanti e 2.000 sono rimasti senza soldi.

Secondo le indagini annunciate dall'ufficio del procuratore dopo l'arresto di Kim, si stima che egli abbia rubato più di 250 miliardi di won (circa 190 milioni di dollari) dalla cassa di risparmio e li abbia nascosti.

È inoltre sospettato di aver distratto fondi acquistando un quadro della figlia, studentessa d'arte, per una cifra esorbitante e prestando illegalmente 10 miliardi di won (circa 7,5 milioni di dollari) a un'attività di buffet di pesce a nome della moglie.
È stato inoltre rivelato che ha prestato 27 miliardi di won (circa 20 milioni di dollari) per finanziare un'attività di casinò nelle Filippine e ha prestato illegalmente 150 miliardi di won (circa 110 milioni di dollari) a una società di proprietà di Kim attraverso una terza parte.

Nel gennaio 2013 è stato condannato a nove anni di carcere durante il primo processo, ma la sentenza è stata ridotta a otto anni in appello nel dicembre 2013. Tra le accuse contro Kim, è stato riconosciuto colpevole di 302,8 miliardi di won (227 milioni di dollari) di appropriazione indebita, 57,1 miliardi di won (43 milioni di dollari) di appropriazione indebita e 526,8 miliardi di won (396 milioni di dollari) di prestiti all'azionista di maggioranza di una cassa di risparmio, con una sentenza finale di otto anni di carcere.

Il presidente Kim avrebbe tentato il suicidio in carcere dopo aver saputo del suicidio della sua amante.

Suo cugino di primo grado, da cui è separato da due fratelli, aveva aiutato Kim a raccogliere fondi mentre gestiva la filiale di Cheonan della Mirae Savings Bank, ma dopo l'arresto di Kim e mentre era sotto inchiesta, si sarebbe suicidato impiccandosi a un albero della strada.

Anche un funzionario della Mirae Savings Bank si è suicidato mentre era indagato dalla polizia, lasciando un biglietto d'addio in cui affermava che era ingiusto essere sospettati di appropriazione indebita.
Si dice che il Presidente Kim abbia portato con sé libri di legge e che abbia studiato duramente mentre era in prigione, essendo un accademico che aveva precedentemente studiato legge.
Si presume che sia stato rilasciato dopo aver scontato la pena, ma non ci sono informazioni su dove si trovi.

2. Appropriazione indebita di brevetti

Il signor Song si è laureato in elettronica all'università e ha lavorato come ingegnere del software presso S Electronics, un importante conglomerato coreano, dove ha ricoperto il ruolo di team leader. Tuttavia, dopo 10 anni di lavoro, ha sentito che la rigida cultura organizzativa e la concorrenza sempre più agguerrita gli stavano rovinando la vita, così ha deciso di avviare una propria azienda.

All'età di 30 anni, ha avviato un'azienda che commercializzava un articolo che aveva in mente e, sentendosi sopraffatto dalla posizione di CEO, ha assunto una persona con un'ottima reputazione come superiore sul lavoro per assumere il ruolo di CEO e gli ha dato metà delle azioni in modo che potesse svolgere il suo ruolo di CEO.

All'inizio dell'azienda c'erano più problemi con le vendite che con la tecnologia, come per chiunque altro, e il nuovo amministratore delegato era stato trattato bene nel suo precedente lavoro, quindi non assunse un ruolo attivo nelle vendite, nella gestione o nella tecnologia, e il signor Song prese il comando della maggior parte delle cose.

Dopo circa un anno di lotte, l'azienda si stabilizzò in una certa misura e, nel processo di pianificazione della direzione della tecnologia che avrebbe determinato il futuro dell'azienda, sorse una controversia con il nuovo CEO.

Durante questo processo, il signor Song scoprì che l'amministratore delegato aveva fatto suoi i membri del consiglio di amministrazione e, alla fine, non riuscì a ottenere il controllo del consiglio di amministrazione e perse l'azienda che aveva costantemente costruito per un anno a favore dell'amministratore delegato di cui si fidava e su cui faceva affidamento.

Il signor Song, che non sapeva nulla di gestione, soprattutto durante il processo di avviamento, ha affidato all'amministratore delegato il compito di avviare e gestire l'azienda.

Tuttavia, l'amministratore delegato ha diviso le azioni della società in azioni ordinarie e azioni privilegiate per ottenere il controllo. Le azioni ordinarie sono state emesse con il normale diritto di voto, mentre le azioni privilegiate sono state emesse senza diritto di voto e solo con il diritto di ricevere dividendi. Il capitale sociale totale era composto per il 50% da azioni ordinarie e per il 50% da azioni privilegiate.

Poiché il 50% delle azioni assegnate al signor Song erano azioni privilegiate e il 50% delle azioni prese dall'amministratore delegato erano azioni ordinarie, il signor Song non aveva diritti di voto nella società e poteva solo ricevere dividendi.

Non credendo che l'amministratore delegato, che godeva di una buona reputazione nella sua precedente società ed era degno di fiducia e affidabile, avrebbe agito in modo così perverso, il signor Song cercò di risolvere la questione attraverso un incontro con l'amministratore delegato, ma quest'ultimo volle contattare il signor Song solo attraverso un processo formale di azioni legali e documenti, rifiutando di incontrarsi informalmente.

Dopo un anno di battaglie legali infruttuose per riprendere il controllo dell'azienda, Song decise di fondare la propria società e iniziò a reclutare membri, soprattutto tecnici che avevano lavorato in precedenza presso S

Electronics.

Dopo essere stato tradito da qualcuno di cui si fidava, divenne diffidente e assunse il controllo del processo di avviamento della nuova società, detenendo egli stesso il 98% delle azioni e concedendo solo il 2% delle azioni agli altri membri fondatori.

La disputa sulle azioni lo ha reso sensibile all'equità e la democrazia nella gestione non era per lui accettabile. Tuttavia, i primi tempi dell'azienda furono sempre difficili e spesso egli era in ritardo di un mese o due nel pagamento dello stipendio. Quando ciò accadeva, prendeva in prestito del denaro per pagare gli stipendi dei suoi dipendenti, ad eccezione dei dirigenti.

La responsabile della contabilità si è dimessa quando non ha potuto far fronte alle retribuzioni, e la situazione finanziaria dell'azienda ha reso difficile attrarre dipendenti di qualità, per cui il resto del personale è stato sovraccaricato di lavori che richiedevano a una persona di fare il lavoro di due o più persone.
Con l'azienda in una situazione finanziaria difficile e priva di fondi, l'unica cosa che il CEO poteva fare era presentare una visione per il futuro e chiederla ai dipendenti con un atteggiamento umile.

Sebbene la situazione dell'azienda fosse difficile, il processo decisionale era abbastanza democratico rispetto ad altre aziende e il flusso di informazioni era libero dal basso verso l'alto. Poiché l'azienda era difficile da gestire, ho cercato di eliminare le inefficienze anche nelle aree più piccole e sono stato disposto a migliorare la produttività.

Inoltre, per ricevere i finanziamenti della politica governativa, abbiamo dovuto scrivere un business plan e preparare una presentazione aziendale, il che ha aumentato il nostro carico di lavoro, ma abbiamo lavorato duramente per risolvere il problema dei fondi insufficienti e siamo riusciti a ricevere i finanziamenti governativi.

Dopo un anno di duro lavoro, l'azienda si è aggiudicata il contratto di fornitura di S-Electronics e ha iniziato a generare vendite, risolvendo in parte il problema dei finanziamenti. Song ha quindi creato un team di progetto per collaborare con S-Electronics al progetto, con l'obiettivo di fornire i risultati desiderati da S-Electronics entro tre mesi.

Durante il primo anno di vita dell'azienda, Song ha cercato di mantenere i dipendenti tecnicamente inadeguati attraverso la formazione, ma con il miglioramento della situazione ha iniziato a sbarazzarsi degli ingegneri scadenti dopo ogni progetto e il sito web di annunci di lavoro dell'azienda era sempre aperto per le assunzioni a tempo pieno.

Alla fine del progetto, quasi metà del team se ne andava e l'altra metà veniva sostituita, ma il team era cresciuto fino a quasi 100 persone.

Man mano che l'azienda cresceva, si trasferiva in uffici più grandi, e l'ufficio dell'amministratore delegato e le sale conferenze si riempivano spesso di voci alte. Nell'area fumatori, l'insoddisfazione dei dipendenti è cresciuta e i membri del consiglio di amministrazione che erano stati con l'azienda fin dall'inizio hanno iniziato ad andarsene.
Se ne andarono dicendo che l'amministratore delegato aveva perso il suo tocco ed era diventato un dittatore, e che il dittatore era circondato da persone che lo temevano.

Le persone dell'azienda dicevano che il CEO doveva essere coerente e prevedibile. Come noi guardiamo alla storia per giudicare il presente e il futuro, hanno detto,

il CEO deve essere coerente, in modo da poter prevedere cosa farà sulla base degli esempi di decisioni prese dal CEO in passato e prepararsi in anticipo, in modo da poter lavorare in modo efficace e rapido.

Tuttavia, hanno detto che l'amministratore delegato dell'azienda non riesce a capire la differenza tra le decisioni prese una settimana fa e quelle prese oggi. Hanno detto che non riuscivano a capire come venivano prese le sue decisioni, come un maniaco-depressivo che è guidato dal suo umore.

Abbiamo anche riscontrato un minor numero di conversazioni del CEO con i dirigenti e i tecnologi interni. È più probabile che dia priorità alle opinioni dei suoi consulenti personali esterni all'azienda, come i dipendenti in pensione di un'azienda di medie dimensioni che gli sono stati presentati in chiesa, o gli amici intimi e le persone anziane, rispetto a quelle dei dipendenti interni.

Anche quando il personale interno raccoglieva e analizzava le informazioni rilevanti provenienti sia dall'interno che dall'esterno dell'azienda e, in ultima analisi, le riferiva per il processo decisionale, l'amministratore delegato diventava un dittatore, spesso prendendo decisioni basate sui consigli disinformati della sua cerchia di consulenti personali.

Esistevano regole interne e le cose che erano state fatte secondo regole e principi quando l'azienda stava attraversando i primi momenti di difficoltà, ora venivano applicate secondo il capriccio di un dittatore. Se qualcuno diceva che qualcosa non andava bene, le regole venivano cambiate.
Questo infrangeva i principi e creava inefficienze all'interno dell'azienda. L'ufficio dell'amministratore delegato era sempre chiuso e le informazioni

aziendali erano monopolizzate da poche persone, rispetto al tempo in cui l'amministratore delegato si occupava anche dei dipendenti di livello più basso quando l'azienda aveva problemi, e il flusso di informazioni era trasparente e fluido.

Il rapporto tra il proprietario e i dipendenti, che si pensava fosse orizzontale, sembrava essersi trasformato in un rapporto tra un imperatore inaccessibile e un servo e, come un paziente maniaco-depressivo, ogni volta che le urla del dittatore diventavano più forti, i dipendenti si ritiravano psicologicamente ed esitavano a stare di fronte al dittatore.

Alcuni pensavano che fosse ingiusto e discutevano, altri obbedivano, pensando che il proprietario sarebbe stato responsabile se qualcosa fosse andato storto. Tuttavia, se il risultato era sbagliato, la responsabilità ricadeva sempre sul responsabile, quindi la vocina del responsabile che diceva di non opporsi veniva soffocata dalla vocina del dittatore.

Uno dopo l'altro, le persone che non sopportavano questa situazione se ne andarono, ma i posti vacanti vennero occupati da altri, e l'azienda continuò a funzionare senza cambiamenti. La voce del dittatore si faceva sempre più forte, man mano che scomparivano le persone che lo tenevano in riga, e i suoi consiglieri esterni visitavano spesso l'azienda nella speranza di ottenere una posizione nell'organizzazione.

Alcuni venivano pagati profumatamente per fare i consulenti, mentre altri venivano pagati per svolgere servizi non necessari.
Nessuno sapeva dove andasse a finire il denaro, ma nessuno pensava che si trattasse di un'attività legittima.

Forse perché non c'era più nessuno a controllarla, il dittatore chiamò il capo del gruppo dirigente e gli ordinò di acquistare beni immateriali per un valore di centinaia di milioni di won. Questa è la tecnologia del futuro, questa è la tecnologia che darà forma alla visione dell'azienda, questo è il brevetto da acquistare e, poiché aveva lavorato duramente per ottenere l'accordo, gli ordinò di preparare i fondi per l'acconto e il saldo.

Nell'azienda non c'era nessuno che la controllasse e non era rimasto nessuno di coloro che avevano già avviato l'azienda. Non c'era nessuno che potesse dire al dittatore che la tecnologia non valeva la pena, che era uno spreco di denaro, che accettare questo contratto avrebbe potuto far fallire l'azienda.

Ma nessuno in azienda pensava che questa tecnologia sarebbe stata la visione del futuro dell'azienda, come sosteneva il dittatore. Tutti erano rassegnati al fatto che questo era ciò che il proprietario voleva fare, e le uniche persone che lo sapevano erano i dirigenti e il team di gestione. Poiché il dittatore lo faceva in segreto, nessuno, a parte i dirigenti e i quadri, ne era a conoscenza.

Non sappiamo dove siano finiti i soldi di questo contratto. Tuttavia, circa un mese dopo la firma del contratto, il precedente responsabile del team di gestione è stato sostituito e ne è stato assunto uno nuovo. Le attività dell'azienda non erano abbastanza grandi da richiedere una revisione contabile esterna da parte di un commercialista.

Il dittatore ha approfittato della mancanza di una revisione contabile esterna obbligatoria e il contratto per acquistare i brevetti in questo modo è stato presumibilmente progettato da un consulente esterno che ha incontrato in chiesa.

Forse lo fecero perché il flusso di fondi in uscita attraverso questo tipo di accordo era migliore dell'ammontare delle tasse che avrebbero dovuto pagare sotto forma di bonus o dividendi, ma la perdita di persone che potessero consigliarli sui rischi legali e su altre questioni divenne un rischio importante della dittatura.

In Corea del Sud, le aziende temono spesso i controlli fiscali da parte dell'Agenzia delle Entrate e le verifiche delle istituzioni finanziarie da parte del Servizio di vigilanza finanziaria. Tuttavia, il dittatore, che non aveva esperienza di tali verifiche, aveva bisogno di qualcuno che lo consigliasse sulle implicazioni di un audit esterno.

E c'era un fatto importante che aveva trascurato. Aveva dimenticato che S Electronics, un conglomerato globale, conduce audit senza preavviso dei suoi subappaltatori per identificare attività illegali e problemi tecnici e manageriali che possono essere affrontati nella gestione dei subappaltatori.

Attraverso l'audit, S Electronics accede non solo ai dati necessari per le vendite, ma anche a quelli relativi alla gestione, alla contabilità, alle risorse umane e all'informatizzazione, e li riflette nella valutazione qualitativa dei subappaltatori. Grazie a questo processo, sono state prese decisioni come la negoziazione dei prezzi unitari di consegna e la ricontrattazione.

C'erano diversi campi minati, come l'indagine fiscale, l'audit contabile e l'audit delle prestazioni di S Electronics, ma alla fine il team di audit che ha avuto la meglio è stato quello di S Electronics. Durante il controllo di gestione senza preavviso, il team di revisione, che ha esaminato a fondo i libri contabili e i documenti dell'azienda, ha deciso di non estendere il contratto di subappalto con l'azienda, e le voci sulla corruzione dell'azienda si sono diffuse nel settore, portando all'espulsione dell'azienda dal settore.
I dipendenti della società, che non erano fedeli all'azienda, si sono trasferiti in altre società e non si sa nulla delle attività commerciali della società, del suo recupero o della posizione del signor Song.

3. Lobbying e frode contabile

Se negli Stati Uniti si è verificata la bolla delle dotcom nel 2000, in Corea si è verificata la mania del venture. All'epoca, il mercato azionario coreano era il KOSDAQ, equivalente al NASDAQ negli Stati Uniti. Tuttavia, all'epoca della bolla delle dotcom, l'indice KOSDAQ raggiunse i 2.925 punti e il mercato era così surriscaldato che il P/E raggiunse le 10.000 volte e ci furono titoli che si moltiplicarono per più di 100 volte.

A quell'epoca, la mania per le società di venture nel mercato KOSDAQ era paragonabile alla bolla delle dotcom negli Stati Uniti, e le società di venture formarono associazioni di società di venture per rafforzare la loro pressione sul governo e sulle organizzazioni collegate.

Tra queste aziende, ce n'era una famosa che aveva raggiunto un fatturato di 50 miliardi di won e aveva promosso la propria tecnologia localizzando apparecchiature importate dal Giappone.
Il mito del successo di questa azienda ha riempito i media al punto che è diventata la prima azienda ad essere riconosciuta come impresa di ventura.
È stato anche membro del consiglio di amministrazione della Venture Business Association e ha organizzato una rete di organizzazioni che la pensano allo stesso modo.

L'immagine dell'azienda nei media era quella di un'azienda imprenditoriale, trasparente, pulita e con principi elevati. L'amministratore delegato sembrava serio e il direttore finanziario parlava del brillante futuro dell'azienda e della sua ambizione di diventare la migliore azienda della Corea.
Dall'esterno, l'azienda sembrava un ottimo posto di lavoro e un luogo invidiabile.

Tuttavia, i dipendenti interni vedevano un quadro diverso. I dirigenti erano spesso fuori città per viaggi di lavoro e il personale amministrativo interno passava la maggior parte del tempo a cercare di mascherare le transazioni anomale come normali.

Un giorno Kim, un membro del team di gestione, riceve una telefonata dal direttore finanziario, che sta lavorando a qualcosa di importante fuori dall'azienda.

Kim: (squilla il telefono) Pronto? Sono il capogruppo Kim.

CFO: Signor Kim, ho un favore da chiederle. Ho bisogno che prelevi 100 milioni di won in contanti dalla banca XX prima delle 15:00 di oggi e aspetti.

Capo squadra Kim: (curioso) Cosa mi sta chiedendo?

CFO: (velocemente) Ho bisogno dei contanti con urgenza, quindi non faccia altre domande.

Kim: Ok. Andrò in banca a prelevare il denaro e la aspetterò.

Il signor Kim arriva alla Banca XX e preleva la somma di denaro richiesta dal direttore finanziario, 100 milioni di won. Conta attentamente il denaro e lo mette nella sua valigetta.

Attende fuori dall'ingresso principale della banca l'arrivo dell'auto del direttore finanziario. Dopo qualche istante, l'auto del direttore finanziario si ferma e la porta si apre. Il signor Kim consegna il denaro in tutta sicurezza.

Un mese dopo, il Team Leader Kim è stressato perché non ha ricevuto alcuna documentazione sull'uso dei 100 milioni di won che ha consegnato al CFO. Si reca nell'ufficio del direttore finanziario per risolvere il problema.

Team Leader Kim: Signor direttore, ho bisogno delle ricevute dei 100 milioni di KRW in contanti che ho prelevato un mese fa. Quando può darmele?
CFO: (nervoso) È compito suo organizzarlo, perché deve venire da me?
Team Leader Kim: (confuso) Signor Direttore, questi sono fondi aziendali e ho bisogno di sapere per cosa sono stati utilizzati e la documentazione di supporto per bilanciare i libri contabili.
CFO: (arrabbiato) Perché mi rimprovera così? È compito suo organizzare la contabilità, ed è così che hanno fatto tutti i miei predecessori. Lei è così inflessibile.
Mr. Kim: (con la faccia tosta) È nostro compito organizzare i fondi dell'azienda. Se non so cosa succede, come posso tenere la contabilità?
CFO: (arrabbiato) Se non sei in grado di fare tutta quella contabilità, come puoi occupare quella posizione? Lei deve essere un dipendente molto incompetente.
Team Leader Kim: (con calma) Sono determinato a fare bene il mio lavoro e ho bisogno della documentazione di supporto per mantenere la salute finanziaria e la trasparenza dell'azienda. La sua collaborazione sarà molto apprezzata.

Il direttore finanziario respinge la richiesta di Kim, dicendogli che dipende da lei. Meno di un mese dopo, Tim viene licenziato dall'azienda.

In questo modo, i fondi dell'azienda sono stati convogliati in ambienti commerciali, burocratici e politici per essere utilizzati per interessi particolari. In questo modo, i fondi dell'azienda sono stati sottratti ai lobbisti e i dipendenti come Kim non hanno potuto svolgere le loro funzioni legittime.

Per far passare come legittime transazioni non documentate per un valore di miliardi di won, il personale addetto alla contabilità e alla finanza ha dovuto tenere conti segmentati e manipolare i saldi dei beni in inventario, come materie prime, materiali sussidiari e prodotti.

La necessità di controllare la quantità e il valore delle attività di inventario attraverso i conteggi ha portato a un numero insolitamente elevato di conteggi cartacei, nonché all'uso di grandi quantità di ricevute in contanti che erano accettabili entro un certo intervallo di dollari.

L'azienda arrivò persino a registrare dipendenti fantasma che non lavoravano per l'azienda e che si appropriavano del costo del lavoro, creando libri contabili fittizi in modo che i dati contabili corrispondessero a quelli reali.

Per fare pressione sui funzionari governativi, si intrattenevano in luoghi di svago, come le pensioni, e nelle pensioni usavano nomi di commercianti di carte, come venditori di elettronica e negozi di riso, per mascherare le carte aziendali che usavano come normali transazioni.

Alcuni dirigenti senza scrupoli hanno perfino sottratto 30 milioni di won di sconti sulle carte, collaborando con i lavoratori dell'intrattenimento per spacciare le loro carte aziendali come normali transazioni.

Anche se gli scandali erano piccoli rispetto a quelli più grandi, come lo scandalo delle assunzioni in Giappone e lo scandalo contabile della Enron negli Stati Uniti, la crescita delle piccole e medie imprese è stata limitata da questo tipo di lobby e frodi contabili.

Quando il governo è cambiato, sono state fatte pressioni sui nuovi politici affinché si allineassero e sono state inviate molte buste ai giornalisti per aumentare il profilo dell'amministratore delegato e dell'azienda.
È stata data anche molta ospitalità ai revisori contabili certificati per mantenere la quotazione del KOSDAQ nella revisione esterna delle società di revisione.
Tuttavia, a causa dell'inasprimento delle norme in materia di revisione contabile esterna, l'audit della società di revisione contabile ha dato luogo a un parere senza riserve, che ha portato alla cancellazione della società dal mercato KOSDAQ.

Il delisting del KOSDAQ ha fatto sì che la società non potesse più utilizzare i fondi degli investitori per raccogliere ulteriori capitali. Come se non bastasse, un'indagine fiscale per appropriazione indebita e una causa penale per fondi di lobbying precedentemente spesi per conto della società hanno portato al suo fallimento di fatto.

Il nome dell'azienda è ormai un lontano ricordo, ma un tempo era così importante da comparire come termine di ricerca correlato al termine venture.

Ma se la reputazione dell'azienda era tale che molti degli ingegneri che vi impararono il mestiere ebbero successo e furono orgogliosi di chiamarla casa, la mancanza di una gestione diretta, le tattiche di pressione utilizzate per sopravvivere e l'immoralità dei suoi dirigenti, che affrontarono queste tangenti e favori con un'astuzia che non cambiò con il mutare dei tempi e la crescente consapevolezza dell'etica e della moralità nella società, ne accorciarono la vita.

4. Un presidente coreano e un presidente coreano che vive in Giappone

Quando si lavora nel settore dei prestiti in un istituto finanziario, a volte si conoscono aziende strane. Spesso capita che all'inizio non se ne capisca il motivo, ma poi si visita l'azienda, o si conosce il proprio predecessore o il capo dell'azienda, e tutto ha un senso.

È successo nel 1997 in Corea del Sud, quando il Paese era in piena crisi valutaria. A Busan, la seconda città della Corea del Sud e il porto più grande, c'erano molte piccole e medie imprese di riparazione navale, e questa società era una di queste.

Un mio conoscente, che all'epoca lavorava in un istituto finanziario di Busan, si occupava di prestiti e una delle aziende con cui aveva a che fare era sempre in ritardo con i pagamenti.

Quando entrò in azienda, il suo predecessore gli disse che era inutile ricordargli di pagare e che se avesse aspettato abbastanza a lungo, un giorno si sarebbero messi in pari e gli avrebbero restituito tutto il capitale arretrato.

Curioso di sapere di cosa si trattava, decise di visitare l'azienda poco dopo il suo arrivo.

Accanto allo sgangherato edificio della fabbrica c'era un edificio commerciale, all'interno del quale si trovavano gli uffici amministrativi, tra cui l'ufficio dell'amministratore delegato e gli uffici dei dirigenti. Incontrai il presidente dell'azienda nell'ufficio dell'amministratore delegato e la mia prima impressione fu che si trattava di una donna molto bella, sulla quarantina, con i capelli lunghi e il trucco pesante.

Non sembrava aver condotto una vita normale e non ha detto molto al di là di un saluto formale, per cui mi sono sentita intimidita e ho lasciato rapidamente l'ufficio dell'amministratore delegato dopo una rapida tazza di caffè.

Nell'ufficio del direttore finanziario ho parlato di affari con lui e ho appreso la storia della creazione dell'azienda.

Il direttore finanziario dell'azienda è il fratello minore dell'amministratore delegato ed è stato nominato direttore finanziario poco dopo la fondazione dell'azienda. Mi ha detto che non aveva mai lavorato nel settore finanziario, ma che il presidente dell'azienda non si fidava di lui e lo aveva messo al comando perché era un parente fidato.

Mi ha detto che c'è un uomo di mezza età che non è ufficialmente sposato, ma che viene in Corea ogni due mesi. In azienda lo chiamano il presidente e quando viene in visita, tutti i prestiti scaduti dell'azienda vengono saldati.

Anche se il direttore finanziario non lo disse, in seguito sentì dire che la signora era una nota maitresse dell'industria dell'intrattenimento e che il presidente era un uomo d'affari coreano residente in Giappone che aveva avuto successo nella vendita di macchine da gioco in Giappone e che a volte si recava a Busan per bere qualcosa nel salone dove lavorava la signora perché gli mancava la sua casa in Corea.

Lui voleva un posto in Corea che potesse chiamare suo, come una casa per le vacanze, e lei aveva bisogno di un lavoro di cui potersi vantare con chiunque volesse ascoltare.

I loro interessi coincidevano e lei fondò un'azienda a Busan il cui core business era la riparazione navale, di cui il presidente finanziò personalmente la creazione e il funzionamento. Quando il presidente visitava la Corea, si fermava a casa sua e poi tornava in Giappone.

Tuttavia, non avendo mai diretto un'azienda prima d'ora, non sapeva come gestire la sua attività principale, che è la riparazione navale, e ha gestito la fabbrica ricevendo ordini di riparazione occasionali da alcuni armatori che erano ex clienti. Tuttavia, a causa della sua tendenza a spendere molto, l'azienda è sempre stata in rosso e il deficit è stato coperto da prestiti di istituti finanziari e dai fondi personali del presidente.

L'incapacità dell'azienda di rendere redditizia la sua attività principale e le continue perdite hanno portato a una crisi nel 1997, quando l'economia sudcoreana è entrata in recessione a causa di una crisi del tasso di cambio. Nonostante le continue inadempienze, l'azienda è riuscita a rimborsare tutti i capitali scaduti dopo un periodo di 2-3 mesi.

Tuttavia, l'insolito flusso di cassa non poteva durare per sempre e, dopo circa un anno, la società finì per fallire.

Sebbene il fallimento dell'azienda sia stato causato in ultima analisi dalla lentezza della sua attività principale, la riparazione navale, un fattore importante è stato l'uso di fondi personali da parte del presidente e del direttore finanziario dell'azienda, che non hanno distinto tra fondi dell'azienda e fondi personali, e la risoluzione del difficile rapporto di convivenza tra il presidente e l'amministratore delegato.

La situazione finanziaria dell'azienda peggiorava sempre di più, ma il presidente e il direttore finanziario, che usavano i fondi dell'azienda privatamente, pretendevano sempre più denaro ogni volta che il presidente visitava la Corea; con il passare del tempo, il presidente, sopraffatto dalle loro eccessive richieste finanziarie, non voleva più continuare il finanziamento e il rapporto, e il destino dell'azienda era il fallimento.

5. un'enoteca con un proprietario donna

Vorrei raccontare la storia di un altro presidente.

C'era un giapponese che aveva lavorato in fabbrica fin da giovanissimo in Giappone ed era stato un ingegnere per tutta la vita. Divenuto presidente di una fabbrica che riciclava rottami metallici, colse per caso un'opportunità commerciale in Corea.

Quando ha aperto la sua azienda in Corea e ha assunto personale per la contabilità, la tenuta dei libri e altri compiti amministrativi, ha assunto una donna con una forte personalità che si era laureata alla scuola di musica di una prestigiosa università coreana. La donna parlava correntemente il giapponese e non ebbe problemi a comunicare con il presidente giapponese; inoltre, pur essendo laureata in musica, all'inizio dell'azienda riuscì a svolgere le sue mansioni senza troppe difficoltà con l'aiuto di consulenti esterni.

Il capo giapponese, che faceva la spola tra il Giappone e la Corea per gestire entrambe le aziende, iniziò a fare affidamento su di lei per il lavoro relativo all'azienda coreana e svilupparono un rapporto stretto, non solo negli affari ma anche nelle questioni personali.

Il loro rapporto si è evoluto da subordinati a soci personali, a soci amministratori con una società in Corea e una in Giappone, e il capo giapponese l'ha delegata a gestire la società coreana.

È diventata il direttore generale dell'azienda coreana e quando il presidente giapponese si recava in Corea, spesso alloggiava a casa sua invece che in azienda. La dipendente riuscì a convincere il presidente giapponese a scambiare le sue azioni con le sue, sostenendo che la crescita dell'azienda era ostacolata dalle limitazioni dovute al fatto che si trattava di un'azienda a capitale straniero, e che ora era lei la proprietaria e il presidente dell'azienda coreana.

C'era un dirigente incaricato della gestione, ma lei diffidava delle persone, così ha nominato il fratello minore direttore finanziario e ha iniziato a trasformare l'azienda nel suo impero.

Il settore dei rottami era un'industria di dispositivi che richiedeva attrezzature su larga scala, senza costi significativi a parte le spese di raccolta.

Tuttavia, l'azienda aveva già investito in una certa misura in immobilizzazioni, quindi non c'era alcun onere aggiuntivo di investimento di capitale, e l'azienda era redditizia perché raccoglieva rottami da un complesso industriale vicino e li trasformava in nuovi metalli.

La situazione commerciale dell'azienda, consolidata dal sistema di investimenti di capitale, dalla linea di vendita e dal sistema di gestione stabiliti dal presidente giapponese, ha registrato un aumento delle vendite e dei profitti netti grazie all'aumento dei prezzi internazionali delle materie prime come i metalli.

Con il protrarsi del periodo di investimento, gli investitori che avevano investito nell'azienda fin dalla costituzione della società coreana del presidente giapponese volevano recuperare i fondi investiti e la signora Yeo, oppressa dall'esistenza dei primi investitori, progettò uno scenario in cui a questi ultimi sarebbe stata data l'opportunità di recuperare il loro investimento attraverso la quotazione al KOSDAQ e i primi investitori sarebbero stati sostituiti.

Ha preparato la quotazione sul mercato KOSDAQ con l'intenzione di creare opportunità di recupero per gli investitori esterni. Dopo oltre un anno di preparativi per ottenere il titolo di società quotata designando una società di titoli come società capofila, abbiamo ricevuto la notifica di aver superato l'esame preliminare della società di titoli capofila che conduceva l'esame KOSDAQ.

Durante i preparativi per la quotazione sul KOSDAQ, lei e suo fratello, il direttore finanziario, hanno creato un sistema chiuso per i fondi della società e hanno iniziato a usare i fondi della società per uso personale. Tuttavia, nessuno sapeva esattamente cosa avessero fatto con il denaro dell'azienda, perché il tutto avveniva segretamente attraverso un sistema chiuso.

Durante un incontro con degli amici a Seoul, venne a sapere che i wine bar erano di gran moda a Gangnam.
La domanda di vini pregiati era aumentata e il mercato era in piena espansione con enoteche di lusso a Gangnam, Seoul, con interni di alto livello che facevano sentire i clienti parte dell'alta società mentre bevevano vino pregiato.

Aveva costruito il suo impero all'interno dell'azienda grazie alla relazione con il capo giapponese, ma temeva che il suo impero avrebbe cessato di esistere se la sua relazione con il capo giapponese si fosse interrotta, quindi era entusiasta di aprire un'enoteca a Gangnam, Seoul.

Insieme al fratello minore, che è direttore finanziario, ha lavorato duramente per costruire un'enoteca con fondi privati e il 100% del capitale della società a suo nome, e l'ha aperta a Gangnam come società per azioni con l'ambizione di quotarsi in borsa in futuro. Quando l'azienda ha ricevuto la notizia di aver superato l'esame preliminare per la quotazione al KOSDAQ, ha organizzato un evento di celebrazione presso l'enoteca.

Gli investitori dell'azienda e molti dei suoi clienti si sono riuniti per congratularsi del successo ottenuto e per ammirare i lussuosi interni dell'enoteca, costati una fortuna.

Il vecchio detto: "Le cose belle vanno sempre male" non è sbagliato. La proliferazione di enoteche a Gangnam iniziò a disturbare l'attività delle enoteche vicine e alcune assunsero addirittura persone per seguire ogni loro spostamento.

C'erano molte persone invidiose del suo successo, persone che soffrivano molto per il suo successo e persone che non volevano che avesse successo perché si era fatto molti nemici nella sua vita.

La prima cosa che fecero fu scrivere alle autorità di controllo del KOSDAQ. In quanto società quotata al KOSDAQ, la lettera affermava che l'enoteca violava le regole di decenza e buona educazione. Tuttavia, il contenuto della lettera era difficile da riconoscere come vero, perché l'enoteca non rientrava tra le attività commerciali vietate, come altri locali di intrattenimento o l'industria chimica.

Tuttavia, proveniva da un luogo inaspettato. Riconoscendo che l'enoteca era una società per azioni e una società collegata all'amministratore delegato della società che aveva superato l'esame preliminare del KOSDAQ, l'agenzia di esame del KOSDAQ ha invalidato l'esame preliminare del KOSDAQ, adducendo una violazione delle norme che impongono alle società di fornire tutte le informazioni sulle loro società collegate quando richiedono la registrazione al KOSDAQ.

All'epoca in cui l'amministratore delegato stava costruendo l'enoteca, solo suo fratello, che era il direttore finanziario, e l'amministratore delegato sapevano dell'esistenza dell'enoteca a causa del suo sistema di gestione dei fondi chiuso, e i dipendenti che stavano preparando la quotazione sul KOSDAQ non sapevano dell'esistenza dell'enoteca, per cui non l'hanno inclusa nell'elenco delle società affiliate.

Alla fine, la quotazione è stata respinta per il ridicolo motivo di non aver presentato l'elenco delle società affiliate, e i piani della società di guadagnare fama e fortuna con la quotazione sul KOSDAQ sono andati in fumo.

Gli investitori, entusiasti di aver superato l'esame preliminare del KOSDAQ, sono rimasti molto delusi dall'inatteso rifiuto della quotazione al KOSDAQ e si sono indignati nell'apprendere che la causa del rifiuto era l'enoteca che aveva costruito. Hanno contattato il presidente giapponese chiedendo la sostituzione dell'amministratore delegato e la restituzione del loro investimento e il presidente giapponese si è recato in Corea per risolvere la situazione.

Quando il presidente giapponese si è recato in Corea, la dirigenza dell'azienda ha accusato il presidente di appropriazione indebita e di malversazione, e lo stretto rapporto tra il presidente giapponese e il presidente è terminato.

Gli investitori l'hanno accusata di appropriazione indebita, tradimento e altre accuse e lei è rimasta coinvolta in un processo penale, lasciando il suo impero nelle mani di altri.

Le linee di business e le strutture che la presidente giapponese aveva costruito in Corea passarono nelle mani di altri a causa della sua avidità e dell'appropriazione indebita personale.

6. Lobbisti e mafiosi, dove finiscono?

Il figlio del signor Kang e il suo apprendista, il signor Cho, erano sempre al suo fianco, in quanto riconosciuto come maestro artigiano in Corea. Il signor Cho ha imparato il mestiere dal signor Kang in giovane età ed è diventato abile come il suo mentore, mentre il figlio del signor Kang, benché più giovane del signor Cho, ha seguito i corsi di gestione dell'azienda con l'intenzione di prendere il posto del padre.

Prima di morire, il signor Kang, un maestro artigiano, chiese al figlio di diventare amministratore delegato dell'azienda e gli diede il 60% delle azioni. Al figlio del signor Kang è stato dato il 40% delle azioni e gli è stato chiesto di gestire l'azienda come direttore.

Dopo la morte del signor Kang, avvenuta in seguito a una lunga malattia, il figlio Kang e il suo tuttofare Cho si sono lanciati nell'impresa e l'hanno trasformata in un'azienda con un fatturato di 3 miliardi di won (circa 2,2 milioni di dollari). Tuttavia, a causa della natura dell'attività, che richiede l'intervento delle autorità coreane, avevano bisogno di potere di vendita.

Il signor Cho, che era più anziano e aveva più esperienza e competenza del signor Kang, che era un direttore, era avvantaggiato rispetto al signor Kang nelle attività di vendita, il che ridusse la posizione del signor Kang nell'azienda. Dopo la morte del signor Kang, un maestro artigiano, l'azienda è stata divisa tra suo figlio, il signor Kang, e il signor Cho, un apprendista e direttore generale, e il signor Kang non era all'altezza del signor Cho sotto nessun aspetto.

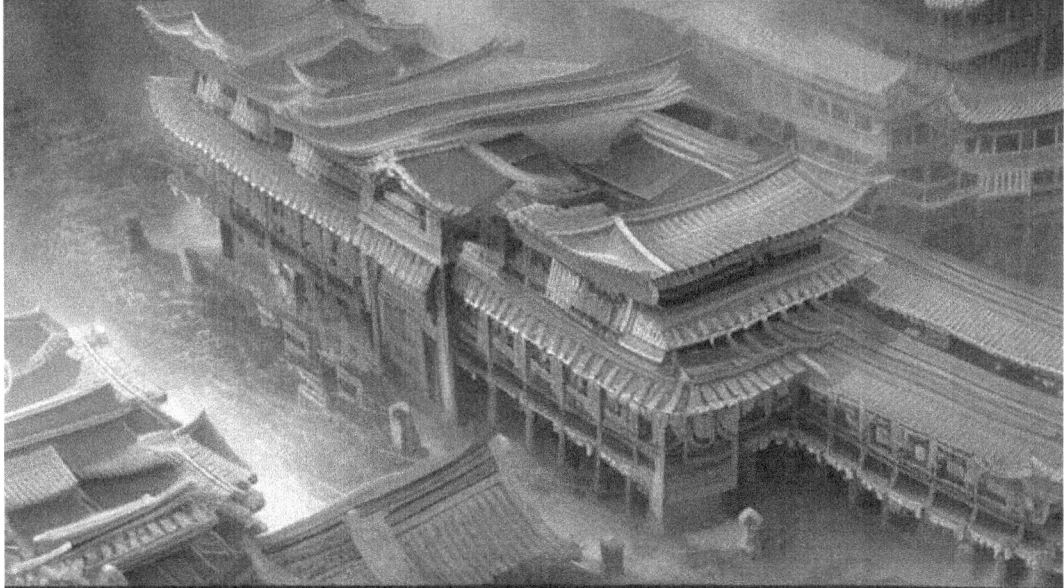

Anche all'interno dell'azienda c'erano molte lotte intestine tra coloro che seguivano il signor Kang e coloro che seguivano il signor Cho, e ciascuna delle due parti teneva a bada l'altra ed era avara di elogi per i risultati ottenuti dall'altra.

Uno dei seguaci del signor Cho aveva un grande talento informatico e una volta sviluppò un ottimo sistema utilizzando un linguaggio sviluppato da Microsoft e fece una dimostrazione.

Tutti i presenti alla dimostrazione lodarono le sue capacità di programmazione e dissero che si trattava di un sistema che avrebbe portato benefici all'azienda, ma il signor Kang, che all'epoca era un direttore dell'azienda, si rifiutò di riconoscere le sue capacità di programmazione, dicendo che Bill Gates aveva fatto un ottimo lavoro.

Cho, l'amministratore delegato, ritenne che Kang non fosse utile allo sviluppo dell'azienda, date le sue capacità di amministratore e i suoi contributi all'azienda, e che la sua partecipazione azionaria del 40% interferisse con le decisioni aziendali di Cho, per cui decise di rimuovere la partecipazione azionaria di Kang e di cacciarlo dall'azienda.

Lui e i suoi collaboratori cominciarono a cercare i punti deboli di Kang e si resero conto che Kang stava facendo altre cose nell'azienda che non erano legate all'attività dell'azienda.

Secondo il regolamento interno dell'azienda, il fatto che qualcuno facesse qualcosa di estraneo all'attività dell'azienda era motivo di azione disciplinare.

La posizione del signor Kang nell'azienda si stava indebolendo e lui stava pensando a un'altra attività come piano di emergenza, per la quale raccoglieva dati durante l'orario di lavoro.

Per raccogliere prove, i collaboratori del signor Cho hanno installato un programma di sorveglianza sul computer del signor Kang durante il periodo in cui il signor Cho chiamava il signor Kang per discutere a lungo degli affari dell'azienda. Il programma cattura lo schermo ogni volta che lo schermo del computer del signor Kang cambia e lo invia a un altro computer o server.

L'installazione del programma ha fatto capire ai collaboratori del signor Cho che il signor Kang stava lavorando ad altri progetti, e hanno salvato le schermate catturate e le hanno conservate su una chiavetta USB.

Un giorno, il signor Cho chiamò il signor Kang alla fabbrica nel tardo pomeriggio e quando il signor Kang arrivò alla fabbrica, c'erano cinque o sei delinquenti corpulenti con il signor Cho.

Il signor Cho ha consegnato al signor Kang una chiavetta USB che registrava lo schermo del computer su cui il signor Kang aveva fatto ricerche per pianificare un altro affare.

Ho qui le prove che lei ha fatto cose che non hanno a che fare con l'attività dell'azienda, cosa che non dovrebbe fare in quanto direttore dell'azienda, e che l'attività che sta pianificando è un'attività che può competere con l'azienda, il che può anche essere visto come un atto di tradimento contro l'azienda. Pertanto, ritengo che lei non sia qualificato per essere amministratore di questa società e che debba essere sanzionato.

Se lei mi trasferisce l'intero 40% delle sue azioni della società e si dimette in silenzio da amministratore di questa società, la considererò una dimissione onorevole da amministratore e manterrò il segreto sulle sue azioni. Se invece rifiutate la mia offerta, non solo sarete privati di tutto, ma dovrete anche assumervi diverse responsabilità legali.

Il signor Kang, che era vulnerabile al comportamento atipico del signor Cho, compresa la sua forte coercizione e la creazione di un'atmosfera di paura da parte dei robusti teppisti, disse che avrebbe accettato la proposta del signor Cho, e la disputa gestionale tra i due si concluse con la vittoria del signor Cho, che acquisì il 40% delle azioni del signor Kang.

Il signor Kang, scuro e fragile, non si presentò più al lavoro e nessuno in azienda sapeva dove si trovasse.

Cho, dopo aver raggiunto la dittatura che sognava, nominò i suoi seguaci in posizioni chiave dell'azienda ed eliminò i seguaci del signor Kang dall'azienda.

Egli riteneva che l'attività di lobbying fosse essenziale per l'azienda per aumentare le vendite, e per questo aveva bisogno di fondi non statali.

I fondi provenienti dalle normali vendite dell'azienda erano supportati da documenti legali ed era difficile generare i fondi non ricorrenti necessari per le attività di lobbying.
Tuttavia, i servizi post-vendita, come la manutenzione, l'installazione e l'assistenza, erano spesso gestiti senza documentazione e i tecnici venivano spesso pagati in contanti, per cui i dettagli esatti delle transazioni erano spesso sconosciuti. Il signor Cho ha deciso di utilizzare i fondi generati da queste transazioni come fondo di riserva.

Quando i tecnici visitavano i fornitori per l'installazione, la manutenzione e l'assistenza post-vendita, venivano istruiti a raccogliere i contanti e a conservarli in una cassetta di sicurezza, che veniva poi utilizzata per fare pressione per i progetti commissionati dalle agenzie governative.

Grazie a questi fondi di lobbying, le entrate dell'azienda sono aumentate rispetto all'anno precedente e l'azienda sembrava in costante crescita. Tuttavia, il trattamento dei tecnici era scadente e il comportamento dittatoriale e le istruzioni prepotenti del signor Cho peggioravano sempre di più. Dava per scontato il loro lavoro e il loro impegno ed era avaro nel ricompensarli per quanto valevano.

Diffidava dei suoi dipendenti e, se aveva un dipendente sospetto, spesso risolveva i suoi sospetti chiedendo a un dipendente vicino di parlare con il dipendente all'esterno, per poi controllare il computer del dipendente per indagare.
L'insoddisfazione dei dipendenti per il comportamento del signor Cho, che spesso usciva a bere con loro, è aumentata.

Inoltre, sono aumentati i casi di dipendenti che arrivavano in ritardo al lavoro o si assentavano senza autorizzazione perché ubriachi. Con la carenza di tecnici, le assenze o i ritardi di un tecnico mettevano sotto pressione gli altri tecnici e il signor Cho, che non poteva fare a meno di notarlo, licenziò il signor Choi perché ubriaco e in ritardo sul lavoro.

Il signor Choi, il tecnico che quel giorno era in ritardo al lavoro, cercò di supplicarlo che era troppo, ma il signor Choi, il direttore generale, non volle cedere.

Il licenziamento dal lavoro, che aveva considerato una carriera per tutta la vita, lasciò il sig. Choi con un profondo senso di ferita e risentimento e, durante una festa con altri tecnici, confessò il suo risentimento verso il direttore generale e giurò di vendicarsi del sig. Choi.

Dopo aver ascoltato i suoi pensieri vendicativi, un altro tecnico è andato a casa e ha detto alla moglie, responsabile della contabilità, come vendicarsi del signor Choi raccogliendo dati sui conti d'ordine dell'azienda e chiedendo all'ufficio delle imposte di indagare.

Il tecnico, che pensava fosse un piano di vendetta ragionevole, disse al signor Choi, anch'egli deciso a vendicarsi, come fare, e il signor Choi si precipitò all'ufficio delle imposte per raccogliere l'ammontare dei contanti che aveva ricevuto da viaggi d'affari al di fuori dell'azienda e che aveva trasferito al fondo offshore, nonché i documenti e le prove a sostegno.

Il signor Choi ha incontrato un rappresentante dell'ufficio reclami dell'Agenzia delle Entrate locale, ma era nervoso e gli tremavano le mani, segno che sentiva la pressione di dover fare rapporto.

Funzionario fiscale: Perché è qui?
Signor Choi: Voglio richiedere un'indagine fiscale.
Funzionario delle Entrate: Può dirci il nome della sua azienda e il motivo della sua richiesta?
Signor Choi: (tremante) Il nome della società è XXXX e il motivo è l'evasione fiscale.
Funzionario fiscale: Di che tipo di evasione fiscale si tratta?
Signor Choi: (tremando molto) Se questa società verrà mai indagata, sapranno chi sono gli altri informatori come me?

Funzionario delle imposte: No, stia certo che faremo in modo che l'azienda non venga mai a conoscenza della sua identità o dei suoi dati personali.

Signor Choi: Ok, grazie allora. Signor Choi: Sono stato pagato in contanti per le vendite del mio cliente senza alcuna documentazione, e l'ho portato in azienda. (Tiene una pila di documenti) E queste sono le prove che lo dimostrano.

IRS: Sì, se l'indagine fiscale basata su questi documenti si rivelerà vera, l'importo dell'evasione fiscale sarà riscosso e lei riceverà una ricompensa pari a circa il 2% dell'importo dell'evasione fiscale.

È consuetudine che un'indagine fiscale invii in anticipo un documento all'azienda da indagare, informandola dei tempi dell'indagine fiscale e del numero di persone coinvolte, ma nei casi in cui vi siano sospetti di illegalità, essa è inaspettata e non annunciata.

Inoltre, quando l'ufficio delle imposte riceve una richiesta di indagine, controlla la storia delle transazioni dei conti bancari del proprietario e dei suoi familiari, fino all'ottavo cugino, e indaga in anticipo sulle transazioni sospettate di mancate vendite e di evasione fiscale, e visita l'azienda sospettata di evasione fiscale con i dati che calcolano l'importo stimato dell'evasione fiscale.

Due uomini in giacca e cravatta si presentano all'ufficio amministrativo dell'azienda in una delle sue fabbriche. Uno si rivolge al signor Cho, l'amministratore delegato, che si trova più lontano dalla porta, mentre l'altro sta in piedi vicino alla porta.

L'uomo che si rivolge a Cho estrae un documento, spinge Cho e gli dice: "Lei è il capo, vero?

Lei è il capo, vero? D'ora in poi condurrò un'indagine fiscale a campione. Chi è il direttore finanziario e il personale incaricato della contabilità?

L'uomo, che si trovava vicino alla porta d'ingresso, si è avvicinato al computer dell'impiegato responsabile della contabilità e dei libri contabili e ha iniziato a copiare materiale nel computer.

Avvicinandosi al signor Cho, il direttore finanziario, l'uomo ha consegnato al signor Cho una copia delle transazioni del conto bancario su cui aveva precedentemente indagato nei confronti dei parenti del signor Cho e gli ha detto che sospettava vendite mancate ed evasione fiscale.

Sulla base del nostro esame preliminare, sospettiamo un'evasione fiscale di circa 1,2 miliardi di won (circa 900.000 dollari), e questa è la prova. Vi preghiamo di controllare e di inviare i documenti di supporto al nostro ufficio delle imposte.

Temendo di essere perquisiti e di vedersi sottrarre i libri contabili, i dipendenti rimasti hanno gettato dalla finestra i documenti che potevano essere considerati libri contabili, senza che il personale dell'ufficio delle imposte se ne accorgesse. Pur sostenendo di agire nell'interesse dell'azienda, i funzionari del fisco non hanno preso i documenti e sembravano convinti dell'accusa di evasione fiscale.

È toccato ai commercialisti e al personale amministrativo dello studio contabile, dotato di conoscenze informatiche, estrarre i dati relativi all'acquisto e dimostrare che l'azienda non era soggetta a evasione fiscale o a vendite mancate. Grazie ai loro sforzi, l'importo delle imposte riscosse è stato ridotto a circa 1 miliardo di won (circa 750.000 dollari), che è stato pagato a rate nell'arco di due o tre anni, tenendo conto della situazione finanziaria dell'azienda.

Quando l'azienda ha ricevuto improvvisamente una fattura fiscale di 1 miliardo di won, la maggior parte dei dipendenti ha pensato che il destino dell'azienda fosse segnato.

Dopo più di un anno, l'azienda ha dichiarato bancarotta e Cho si è dimesso da amministratore delegato.
Ma Cho credeva che l'indagine fiscale avesse distrutto la sua attività e sospettava di Choi, che era stato licenziato dall'azienda più o meno nello stesso periodo di un cliente a causa dell'indagine fiscale.

Grazie ai suoi contatti nel settore, Cho è riuscito a inserirlo nella lista nera e a impedirgli di trovare lavoro nel settore, così Cho è stato costretto a cambiare settore.

7. Signor Presidente, dobbiamo distinguere tra affari pubblici e privati, non è vero?

Il signor Han ha trascorso la sua vita come tecnico, azionando macchinari in fabbriche unte, fin da quando era bambino. Era noto per il suo carattere affabile e alcolizzato e aveva molti amici intimi. Un giorno decise di lasciare il lavoro e di aprire una propria azienda manifatturiera, assumendo come dipendenti alcuni dei giovani con cui lavorava. I rapporti con loro erano sempre buoni, perché Han era noto per la sua gentilezza.

Tuttavia, quando i suoi dipendenti avevano bisogno di denaro, erano soliti chiedergli un anticipo invece di aspettare di essere pagati. Gli chiedevano somme di denaro come 1 milione di won (circa 750 dollari) o 500.000 won (circa 370 dollari) per pagare le spese ospedaliere dei genitori o le rette scolastiche della famiglia. Sebbene il signor Han fosse il presidente dell'azienda, i due sottolineavano il loro rapporto personale usando il titolo di fratello maggiore.

Kim, che lo chiamava anche fratello maggiore, gli chiese altri 5.000.000 won (circa 3.700 dollari) per pagare le spese mediche della madre. L'azienda era piccola e non aveva i soliti benefici, come ad esempio un sistema di welfare, ma non c'era nessuna regola per cui non dovesse restituire il denaro.

Kim: Fratello, vorrei parlarti della fattura dell'ospedale di mia madre.
Han: Di che si tratta? Come sta sua madre?
Signor Kim: Fratello, c'è una situazione in cui mia madre deve essere ricoverata in ospedale e la nostra famiglia al momento non è in grado di coprire le spese, quindi vorrei chiedere un sussidio.
Signor Han: È un peccato. Quanto costerà il trattamento di sua madre?

Kim: Dovrebbe essere di circa 5 milioni di won (circa 3.700 dollari). La mia famiglia pensa che sia meglio che mia madre si riprenda presto, e sarebbe un grande aiuto se lei potesse finanziarlo.
Signor Han: (chiama il signor Lee, il contabile) Preleva 5.000.000 di won dalla banca e dà 5.000.000 di won alla signora Kim.
Lee: Signor Presidente, dobbiamo rivedere le procedure e i dettagli e fare una discussione interna.
Han: L'amministratore delegato mi approva e mi dà istruzioni, quindi non ho bisogno di procedure e dettagli. Basta prelevare il denaro dalla banca e darlo alla signora Kim.

Desideroso di mantenere un buon rapporto con i suoi ex conoscenti, il signor Han non ha potuto rifiutare le loro richieste e li ha sempre pagati nonostante le loro insistenze. Il problema, però, è che questo denaro non appartiene a lui, ma all'azienda.

Dopo un anno di questo comportamento, l'azienda non aveva idea di quanto denaro dovesse ai dipendenti, perché aveva poco personale e spesso i trasferimenti non venivano effettuati correttamente.

Con la crescita dell'azienda, il nuovo direttore finanziario ha confrontato il valore contabile effettivo con quello dichiarato al fisco e ha scoperto una differenza di circa 200 milioni di won, che ha riferito al CEO Han.

Tuttavia, il signor Han ha detto che non era chiaro chi avrebbe dovuto ricevere l'importo del pagamento che si era accumulato per molto tempo e come avrebbe potuto riceverlo ora, quindi ha detto che si sarebbe assicurato che ciò non accadesse in futuro e che avrebbe ridotto la differenza tra i libri contabili effettivi e i libri contabili.

Il nuovo direttore finanziario, che ha utilizzato le tradizionali tecniche di contabilità di segmento per riconciliare la discrepanza di 200 milioni di won (circa 150.000 dollari), è riuscito a colmare il divario dopo più di un anno di lavoro grazie a cambiamenti nelle attività di inventario, nelle spese di lavoro dei dipendenti che non lavorano e nella ricezione di entrate in contanti ammissibili dal punto di vista fiscale.

Tuttavia, le lamentele dei dipendenti e le richieste di pagamento sono continuate, e la differenza con i libri contabili effettivi è cresciuta fino a circa 100 milioni di won (circa 75.000 dollari). Inoltre, la capacità lavorativa dei dipendenti assunti su richiesta di conoscenti esterni ha rappresentato un problema.

In un caso, è stata assunta un'impiegata per il dipartimento di gestione, che sosteneva di essere la figlia di un conoscente, ma si è rivelata essere una suora di una setta buddista. Il problema era che aveva trascorso più di dieci anni in montagna, isolata dalla società, e non era in grado di usare un computer o di far funzionare macchine di base, come un bancomat.

Quando andava in banca a prelevare denaro, tornava a mani vuote perché non sapeva come usare il bancomat, e il suo computer si bloccava dopo l'avvio perché maneggiava male la tastiera. A causa della carenza di manodopera dell'azienda, non è stato possibile fornire una formazione adeguata, così sono state licenziate dall'azienda dopo tre mesi di formazione sull'adattamento sociale.

In un caso, per colmare la carenza di manodopera, sono stati inseriti due lavoratori vietnamiti grazie al sistema di supporto alla manodopera del sud-est asiatico della stessa industria, ma un tecnico coreano vicino al signor Han, il direttore generale, li ha aggrediti.

Quando i lavoratori vietnamiti sono arrivati in Corea dal Vietnam, non mangiavano bene perché il cibo fornito dall'azienda coreana non soddisfaceva i loro gusti, così un tecnico coreano li ha portati nel cortile della fabbrica e li ha picchiati. Quando gli è stato chiesto il motivo dell'aggressione, il tecnico coreano ha risposto che i lavoratori vietnamiti non avevano mangiato di proposito. Ha sostenuto che erano troppo deboli per lavorare perché non avevano mangiato e ha dato per scontato che non avrebbero mangiato.

Ha giustificato la sua aggressione dicendo che in passato aveva lavorato con lavoratori del sud-est asiatico e che questi svolgevano molti lavori in questo modo, sostenendo che l'idea era quella di riscuotere un salario senza svolgere alcun lavoro.

In risposta a questo incidente, il signor Han, il direttore generale, non ha intrapreso alcuna azione, come una disciplina interna o una denuncia, sostenendo che potevano esserci vari conflitti tra i dipendenti mentre lavoravano in fabbrica e che il tecnico coreano che lo aveva aggredito lo stava facendo per il bene dell'azienda e doveva essere seppellito.
Tuttavia, i due lavoratori vietnamiti aggrediti sono rimasti delusi dalla tiepida risposta dell'azienda e sono scomparsi la sera stessa.

Il signor Han, che aveva la reputazione di essere una brava persona nella zona industriale, ha iniziato ad aumentare le vendite dell'azienda attraverso attività di vendita attive e ha acquisito una piccola azienda con 9-10 dipendenti per assicurarsi una capacità produttiva aggiuntiva.

Dopo l'acquisizione, l'azienda ha organizzato una cena per dare il benvenuto ai nuovi dipendenti e per armonizzarsi con quelli esistenti. Dopo il lavoro, circa 20 persone, tra cui circa 10 dipendenti esistenti e 10 dipendenti della nuova società acquisita, stavano grigliando carne e bevendo soju in un ristorante vicino alla fabbrica.

Uno dei dipendenti esistenti e uno dei dipendenti della nuova società acquisita hanno litigato, ma nessuno è riuscito a fermarli e l'atmosfera è diventata inaspettatamente tesa.

All'improvviso, il nuovo dipendente è andato su tutte le furie e lo ha preso a pugni, facendo inclinare il corpo dell'ex dipendente su un lato e facendolo cadere sulla griglia dove si stava grigliando la carne. Il fuoco si è propagato alla schiena del dipendente caduto e le persone si sono precipitate ad aiutarlo a rialzarsi, ma la sua schiena era già bruciata.

Dopo la mancata provocazione da parte di un nuovo dipendente, uno dei dipendenti attuali si è vendicato e ha accoltellato l'aggressore con un paio di forbici che aveva sistemato per tagliare la carne, lasciando due feriti.

Nel bel mezzo del caos, i dipendenti sobri hanno contattato un ospedale vicino e chiamato un'ambulanza, mentre il CEO e il CFO sono dovuti accorrere in ospedale nelle prime ore del mattino per indagare sull'incidente.

Le vittime hanno chiesto con forza che l'altro dipendente venisse punito e perseguito penalmente e che il risarcimento venisse erogato dal programma di risarcimento dei lavoratori assicurato dallo Stato.

Tuttavia, il direttore generale, che ha dato priorità alla vicinanza e al legame con i dipendenti esistenti piuttosto che affrontare le circostanze e le cause dell'incidente, ha risolto il caso accettando le richieste dei dipendenti esistenti rispetto a quelle dei nuovi assunti.

In risposta, la maggior parte dei dipendenti della nuova società se ne è andata e, sebbene l'azienda abbia acquisito una società più piccola dello stesso settore, non è riuscita a trattenere i tecnologi chiave.

Deluso dalla priorità data dal signor Han ai suoi ex dipendenti, il direttore finanziario ha lasciato l'azienda.

Con l'esodo accelerato delle persone necessarie per la crescita e lo sviluppo dell'azienda, la società è rimasta con pochi dipendenti vicini al signor Han. Molti dei nuovi assunti non durarono a lungo a causa di conflitti con i dipendenti esistenti e l'azienda divenne nota per avere uno dei più alti tassi di turnover nel vicino parco industriale.

A causa della cronica carenza di tecnici, l'azienda spesso non rispettava i termini di consegna rispetto alle vendite attive, e la mancanza di controllo del signor Han sui suoi dipendenti portò a un grave deflusso di fondi, e l'azienda smise di crescere e iniziò a declinare.

Come subappaltatore di grandi aziende, l'azienda riceveva molto lavoro, ma spesso non era in grado di rispettare le scadenze a causa della carenza di tecnici e veniva inserita nella lista nera del settore; inoltre, con il progressivo calo delle vendite, molti dei dipendenti esistenti che erano vicini al signor Han iniziarono ad andarsene.
Senza nuovi dipendenti che potessero guidare l'azienda verso il futuro e con una situazione finanziaria in peggioramento, Han dichiarò bancarotta e si dimise dalla carica di CEO.

Sebbene Han non si sia appropriato personalmente di fondi e abbia lavorato duramente come amministratore delegato, i suoi dipendenti più giovani, che egli apprezzava, si sono approfittati di lui e, quando la situazione dell'azienda è peggiorata, hanno scelto di andarsene in altre aziende per guadagnarsi da vivere.

Nonostante la buona volontà del sig. Han, i suoi dipendenti junior, che lo incolpavano del fallimento dell'azienda, non sono mai tornati da lui.

8 Investimento fallito in un'entità estera

In Corea c'è un detto che dice che se tuo cugino compra un terreno, ti fa male lo stomaco.

Quando qualcuno che vedete come un concorrente ha successo, sentite di doverlo avere anche voi, e questo può portare a investimenti eccessivi. Può anche portare a decisioni emotive.

Quando il signor Chun, un imprenditore che si è fatto da solo, ha visto che il signor Hong, che considerava un concorrente in termini di dimensioni dell'azienda, aveva costruito un grande edificio in Vietnam ed era apparso sui media, ha avuto l'ambizione di raggiungere lo stesso successo con la sua attività in Vietnam.

C'è stato un periodo in cui la Corea del Sud ha investito molto in Vietnam con l'illusione di avere successo. Quando i risultati pratici degli investimenti in Cina non hanno dato i risultati sperati dalle aziende coreane, a causa delle restrizioni sul rimpatrio dei profitti, delle norme più severe sui lavoratori, del costo del lavoro più elevato e dell'inasprimento delle restrizioni del governo cinese nei confronti delle aziende straniere, il Vietnam è diventato un'alternativa popolare.

In particolare, il Vietnam è un Paese confuciano con un background culturale simile a quello della Corea e la crescita elevata del Vietnam è stata considerata simile a quella della Corea negli anni Settanta e Ottanta. Avendo sperimentato il processo di crescita in Corea negli anni Settanta e Ottanta, pensavano che se avessero potuto applicare l'esperienza passata in Corea al Vietnam, avrebbero potuto ottenere un grande successo.

Se l'esperienza coreana fosse stata replicata in Vietnam, ritenevano che chi aveva vissuto quel periodo avrebbe saputo come ridurre il rischio investendo nel futuro del Vietnam.

Tuttavia, vi era anche incertezza sul momento in cui il rimpatrio e la distribuzione dei profitti guadagnati da entità straniere sarebbero stati limitati o regolamentati, come le restrizioni imposte dal governo malese sulle rimesse di denaro agli stranieri per negligenza durante la crisi dei cambi del 1997 che ha colpito il sud-est asiatico, tra cui Thailandia, Indonesia, Malesia e Filippine.

In Vietnam, il rischio politico era ancora maggiore, poiché il Paese rimane un'economia statale, con il Partito Comunista ancora al potere.

Ispirato dal successo di Hong in Vietnam, Chun ha iniziato subito a cercare opportunità di investimento nel Paese ed è stato presentato a una società di proprietà coreana. Tuttavia, le restrizioni sempre più severe del Vietnam sugli investimenti esteri hanno costretto il signor Cheon a prendere una strada alternativa, creando una società cartiera e utilizzando un'entità di Singapore per aggirare le restrizioni.

Senza precedenti esperienze di investimenti all'estero, Chun ha creato una società cartiera a Singapore con una società di consulenza che si è occupata della costituzione a Singapore e ha firmato un contratto per acquisire la società vietnamita attraverso di essa.
Tuttavia, la revisione del cambio dell'azionista di maggioranza e delle licenze in Vietnam non è stata approvata per più di un anno e, nel frattempo, i costi fissi dell'entità di Singapore hanno continuato a essere sostenuti.

Dopo un anno e mezzo, il processo amministrativo in Vietnam è stato completato e il signor Chun, che non poteva permettersi di inviare personale alle operazioni vietnamite, è stato lasciato a capo della società dal sudcoreano che gliel'aveva venduta.

Sebbene il costo del lavoro dei lavoratori vietnamiti fosse notevolmente inferiore a quello della Corea, questo costo inferiore non poteva essere applicato ai coreani che lavoravano in Vietnam, e l'amministratore delegato coreano dovette pagare quasi la metà del costo del lavoro dell'azienda vietnamita. Inoltre, l'azienda doveva pagare l'alloggio e altre spese dell'amministratore delegato.

Tuttavia, non c'erano alternative, perché era molto più economico che mandare un altro coreano in Vietnam o nominare un imprenditore coreano come amministratore delegato in Vietnam.

L'imprenditore coreano aveva venduto l'azienda quando questa era diventata poco redditizia e incapace di creare una visione per il futuro, quindi l'aveva venduta per recuperare l'investimento e passare a un'altra attività, ma dal punto di vista di Chun, l'azienda era un affare se si considerano le spese che ha dovuto sostenere per entrare in Vietnam, come le licenze e la costituzione. Inoltre, aveva l'ambizioso progetto di espandersi in altri settori, come quello immobiliare.

L'amministratore delegato locale, che operava in Vietnam da molti anni, non si sbagliava e la società ha continuato a operare in rosso anche dopo l'approvazione della licenza.

I costi fissi dell'azienda sono rimasti invariati e la sede centrale in Corea del Sud, non potendo inviare una persona affidabile in Vietnam, ha dovuto affidarsi alle telecomunicazioni per conoscere la situazione sul posto.

A differenza della Corea del Sud, dove le aziende sono abituate a gestire le spese aziendali con le carte, il Vietnam è ancora abituato a pagare le spese in contanti. Questo ha portato a una mancanza di trasparenza nelle spese dell'azienda e persino a casi di persone che sono fuggite con i contanti dell'azienda.

Il rappresentante locale coreano, sapendo che la sede centrale coreana non aveva altra scelta, ha fatto diverse richieste al signor Chun, come l'erogazione di fondi, prestiti e la registrazione come dipendente della sede centrale coreana, ma il signor Chun ha rifiutato categoricamente le richieste del rappresentante locale vietnamita.

È stato inoltre scoperto che il responsabile delle spese dell'azienda aveva addebitato le spese di parcheggio ai visitatori e le aveva pagate al suo capo, sebbene l'azienda non le avesse addebitate.

Tuttavia, la sede centrale coreana dell'azienda, ignara della situazione locale, ha avuto difficoltà a raccogliere informazioni in tempo reale sul Vietnam finché non è stato troppo tardi e ha licenziato il dipendente responsabile dell'incidente.

Le appropriazioni indebite da parte di questi dipendenti sono continuate, ma la sede centrale coreana non è stata in grado di mettere in atto controlli perché era difficile assegnare altri coreani alla regione e non poteva permettersi di implementare e gestire un sistema di controllo interno.

L'azienda ha cercato di migliorare le vendite attraverso varie attività di marketing, ma le vendite non sono aumentate e le spese non sono diminuite. Mentre il deficit dell'azienda continuava ad accumularsi, la pandemia di coronavirus ha colpito il Vietnam, costringendo l'azienda a chiudere le sue attività.

I governi locali vietnamiti, che non avevano fondi sufficienti per acquistare i vaccini, hanno visitato le aziende straniere e le hanno costrette a fare donazioni volontarie; alcune aziende hanno collaborato con le donazioni volontarie per paura di ritorsioni da parte dei governi locali se si fossero rifiutate di pagare.

In questa situazione, il signor Chun, che si è trovato di fronte a richieste irragionevoli da parte dell'amministratore delegato coreano, ha inviato in Vietnam il signor Yang, che era a capo del team commerciale all'estero di una società collegata acquisita dalla sede centrale coreana, chiedendogli di agire come amministratore delegato della filiale locale in Vietnam.

Tuttavia, non avendo alcuna conoscenza del Vietnam e nessuna esperienza commerciale, nessuno si aspettava che il signor Yang fosse in grado di svolgere il suo ruolo di CEO. Dopo aver assunto l'incarico, Chun ha visitato l'azienda vietnamita per conoscerne le attività. Il signor Yang, che lo ha accompagnato nel viaggio, lo ha portato in giro per il Vietnam per mostrargli i dintorni.

Mentre guidava il veicolo, il signor Chun aveva sete a causa del clima caldo in Vietnam, così ha guardato i venditori di succo di palma fuori dal veicolo e ha detto più volte che voleva bere del succo di palma.
Yang ha fermato il veicolo, ha pagato circa 2 dollari di tasca sua, ha comprato un succo di palma e lo ha portato a Chun. Quando glielo ha dato, il signor Chun si è arrabbiato molto e ha detto.

Gestite la vostra attività vietnamita in modo così negligente che non riuscite a uscire dal rosso. Prima ho guardato fuori dalla finestra e ho visto un sacco di succhi di frutta da un dollaro, ma ora stai comprando succhi da due dollari, quindi puoi vedere quanti soldi stai sprecando".

Con queste parole, Chun ha tenuto una lezione a Yang per circa 10 minuti sul ciglio della strada in Vietnam, dove l'auto era ferma.
Tornato in ufficio, l'ha rimproverata per un documento di una pagina trovato all'interno dell'ufficio.

"Guarda il contenuto di questo documento. Si tratta di regole aziendali e ci sono molti errori di ortografia e di battitura. Basta guardarlo per capire la sua scarsa capacità e conoscenza del lavoro".

Yang ha protestato di aver chiesto a un interprete vietnamita-coreano di tradurre in coreano le regole interne scritte in vietnamita dopo essere diventato direttore generale della filiale vietnamita, e di aver tralasciato i refusi e gli errori ortografici perché era l'unico coreano in azienda e solo lui doveva capirli, ma Chun ha respinto questa scusa.

Mentre la chiusura, che si prevedeva durasse solo pochi mesi, si trascinava, la sede centrale coreana cominciò a suggerire alla società di ritirarsi dal Vietnam. Con le perdite accumulate e nessuna speranza di miglioramento in futuro, sembrava sempre più probabile che l'attività in Vietnam fosse destinata a fallire.

Mentre il deficit si accumulava con le spese aggiuntive, la sede centrale coreana smise di pagare l'affitto trimestrale e le lettere di richiesta del proprietario si accumularono.

Non volendo ammettere che il suo investimento era fallito, il signor Chun cercò una via d'uscita pensando alla sua attività in Vietnam e incontrando i suoi contatti. Tentato da un conoscente che gli ha parlato di un piano di sviluppo fondiario in una zona vicina, ha deciso di partecipare al progetto, che sarebbe costato più di 1 milione di dollari, e ha fatto preparare al suo staff un'offerta per il progetto.

In Vietnam, i terreni sono generalmente di proprietà dello Stato ed è possibile svilupparli con un contratto di affitto a lungo termine. Ad esempio, se il terreno fosse affittato, la società costruirebbe un edificio sul terreno libero, otterrebbe un contratto di locazione a lungo termine per 40 anni e poi lo riaffitterebbe all'affittuario.

I professionisti che hanno insistito per chiudere l'attività in Vietnam hanno continuato a fare pressioni sul signor Chun affinché riconsiderasse se fosse prudente investire un ulteriore milione di dollari o più nel progetto di sviluppo del Vietnam dopo le perdite subite fino a quel momento, e alla fine hanno indotto il signor Chun ad abbandonare il progetto di sviluppo.

L'affitto della sede in Vietnam era ancora in arretrato e non si sapeva quali azioni avrebbe intrapreso il proprietario se gli arretrati fossero continuati, dato che il proprietario era affiliato a un'organizzazione con stretti legami con l'esercito vietnamita.

I dipendenti vietnamiti del locale hanno avvertito che avrebbero potuto essere minacciati e aggrediti da bande vietnamite e che il deposito cauzionale che avevano versato al proprietario stava per scomparire dopo la detrazione degli arretrati dell'affitto.

Quando il signor Yang ha riferito la situazione al signor Chun, quest'ultimo si è limitato a dirgli di risolvere le cose in modo amichevole con il proprietario.

In questa situazione disperata, il signor Chun ha improvvisamente incaricato il signor Yang di inviare una lettera al locatore, chiedendogli di informarlo dell'importo che intendeva pagare per i diritti di proprietà a lungo termine del terreno affittato dall'entità locale vietnamita.

Il proprietario non capiva perché una società in arretrato con l'affitto volesse acquistare i diritti di locazione a lungo termine di un terreno che gli sarebbe costato di più, e pensava che si trattasse di un trucco sporco per ritardare le azioni che avrebbe potuto intraprendere contro l'inquilino, come l'interruzione dell'elettricità e dell'acqua.

Il padrone di casa ha inviato un ultimatum al signor Yang, che gestiva l'attività vietnamita a rischio della sua vita, chiedendogli di andarsene entro una scadenza fissata dal padrone di casa, che prevedeva l'interruzione dell'elettricità e dell'acqua.

Quando il signor Yang ha informato il signor Chun, quest'ultimo gli ha detto che non poteva lasciare che il padrone di casa utilizzasse l'edificio costruito dalla filiale vietnamita e gli ha dato istruzioni di scoprire quanto sarebbe costata la demolizione dell'edificio per uffici.
Yang non capiva perché l'azienda dovesse affrontare le spese aggiuntive per la demolizione dell'edificio quando il deficit accumulato era così grande e sarebbe stato più conveniente trasferirsi, ma non aveva altra scelta che seguire le istruzioni del signor Chun.

Il signor Yang trovò un'impresa di demolizione grazie ai suoi contatti vietnamiti e l'impresa si offrì di demolire l'edificio a costo quasi zero, a condizione di portare con sé i rottami metallici, i materiali di scarto e così via dopo la demolizione.

Il signor Yang ha firmato un contratto con l'azienda e ha iniziato i lavori di demolizione nel giorno previsto. Tuttavia, quando la demolizione stava per iniziare, un gruppo di persone ha fatto irruzione nell'azienda ed è scoppiato uno scontro fisico tra loro e la squadra di demolizione, causando l'interruzione della demolizione.

Il proprietario, che voleva mantenere l'edificio così com'era, aveva mandato delle persone a fermare i lavori di demolizione, e l'appaltatore della demolizione ha fatto pressione sul signor Yang affinché chiedesse i danni per non aver rispettato il contratto.

I vietnamiti hanno consigliato al signor Yang di fuggire in Corea del Sud il prima possibile, perché sia il proprietario che l'appaltatore lo stavano minacciando.

Temendo per la sua vita, Yang è fuggito dal Vietnam quella notte ed è tornato in Corea.

Fortunatamente, parte dei contanti presenti sul conto bancario dell'azienda vietnamita sono stati trasferiti a una società cartiera di Singapore e i lavoratori vietnamiti sono stati informati in anticipo del fallimento dell'azienda, per cui non ci sono state altre vittime, ma è rimasto poco da recuperare nel processo di liquidazione.

9. Oltre al capo, la moglie del capo è il presidente

Bang, che si occupa di acquisire aziende in difficoltà in Corea del Sud, ristrutturarle e poi venderle o quotarle in borsa per recuperare l'investimento, si è imbattuto in un articolo dei media sulla vendita di un'azienda valutata 1.000 miliardi di won (752 milioni di dollari).

Ha consultato altre società del settore per verificare se i loro principali azionisti fossero disposti a vendere e ha scoperto che una delle prime quattro o cinque società lo era.

La società che valeva 1.000 miliardi di won era la leader, mentre la società al quarto posto era disponibile per l'acquisizione per circa 10 miliardi di won (7,5 milioni di dollari).

Sebbene l'azienda leader e quella in vendita non fossero paragonabili in termini di fatturato e altri indicatori economici, Bang ha deciso che il valore dell'azienda era troppo basso, quindi ha raccolto investitori e ha iniziato ad acquisirla.

Dopo aver convinto gli investitori e guidato il processo di acquisizione, Bang è riuscito a raggiungere un accordo amichevole con l'azionista di maggioranza della società, che voleva vendere l'azienda il prima possibile, e ha firmato un accordo di management buyout.

Tuttavia, non avendo alcuna esperienza o conoscenza del settore, il signor Bang ha nominato Kim, un conoscente che era stato amministratore delegato di un'azienda simile, come amministratore delegato e ha assunto Lee, un contabile e dirigente di un istituto finanziario, come vicepresidente.

Il signor Kim, nominato amministratore delegato, era esteriormente mite ed educato, ma era autorevole e gli piaceva essere trattato come tale. Pensava che il signor Lee, il vicepresidente più giovane, fosse stato mandato dal signor Bang per tenerlo d'occhio, quindi riteneva che fosse responsabile dell'area monetaria o gestionale.

D'altro canto, il vicepresidente Lee era molto deluso dal fatto che l'amministratore delegato Kim si limitasse a firmare i documenti di approvazione nella sua stanza senza fare alcuno sforzo esterno, così chiese a Kim di recarsi al reparto vendite, ma l'antipatia di Kim nei confronti di Lee non fece che aggravare il conflitto.

Quasi un anno dopo l'acquisizione, i risultati dell'azienda stavano scendendo, l'ambizioso piano di pubbliche relazioni del vicepresidente veniva criticato come uno spreco di denaro e la partenza di personale chiave per le vendite e la gestione stava creando un grave vuoto di personale.

Venivano assunti dei freelance per spegnere gli incendi nel breve periodo, ma il costante ricambio del personale faceva sì che i passaggi di consegne non fossero agevoli e che i conflitti tra vecchi e nuovi dipendenti fossero frequenti.

Bang chiamava di tanto in tanto Kim, l'amministratore delegato, e Lee, il vicepresidente, per controllare la situazione dell'azienda, ma sia Kim che Lee erano pronti ad accusare l'altro per il deterioramento dei risultati. Non potendo fidarsi dei loro resoconti, il signor Bang decise che la persona di cui poteva fidarsi di più era sua moglie, così nominò sua moglie, la signora Jin, come revisore dei conti dell'azienda per verificare che i loro resoconti fossero veritieri.

La moglie di Bang, Jin, era una casalinga che aveva lavorato solo per un anno dopo la laurea. All'inizio la signora Jin era umile e iniziò a familiarizzare con la situazione dell'azienda facendo domande ai dipendenti. Tuttavia, a causa della sua mancanza di conoscenza e di esperienza, non era in grado di comprendere le intenzioni soggettive delle persone che le fornivano informazioni e le accettavano, generando inutili malintesi e diffidenza.

Quando Jin è entrata in azienda per la prima volta, ha detto che sarebbe tornata dalla sua famiglia dopo un breve periodo di lavoro a causa della scomodità del pendolarismo, ma poiché a casa non era trattata bene e come dirigente dell'azienda era trattata con autorità e rispetto, ha iniziato a divertirsi e gradualmente è diventata autorevole.

Sia il signor Kim, l'amministratore delegato, che il signor Lee, il vicepresidente, trovavano la signora Jin, la moglie dell'azionista di maggioranza, una spina nel fianco, soprattutto per la sua incapacità di ragionare con loro, per il suo atteggiamento pressante e per il modo in cui alzava la voce e li rimproverava.

La signora Jin insisteva con il marito, il signor Bang, che il signor Kim, l'amministratore delegato, e il signor Lee, il vicepresidente, stavano gestendo male l'azienda e dovevano essere licenziati. Poiché la coppia trascorreva molto tempo insieme al di fuori dell'orario di lavoro, le argomentazioni del signor Bang divennero sempre più cervellotiche.

Alla fine, il signor Bang ha chiesto le dimissioni volontarie del signor Kim, amministratore delegato, e del signor Lee, vicepresidente, che hanno accettato le sue richieste. Il signor Bang inviò qualcuno dalla sede centrale per aiutarlo con le attività amministrative e lo nominò amministratore delegato, ma la signora Jin era il vero amministratore delegato e il nuovo amministratore delegato era tale solo di nome e non aveva alcuna autorità.

Insisteva sul fatto che i dipendenti dovessero chiederle il permesso di spendere più di un dollaro per qualsiasi spesa aziendale e pretendeva che tutte le bozze dei documenti da approvare fossero presentate a lei. L'inefficienza era tale che centinaia di documenti al giorno si accumulavano per essere approvati, e i dipendenti in coda per l'approvazione non potevano concentrarsi sul proprio lavoro perché dovevano firmarli.

Inoltre, anche se l'amministratore delegato approvava qualcosa, spesso veniva invalidato perché la decisione finale spettava alla signora Jin, il revisore, e i dipendenti pensavano che fosse lei l'amministratore delegato.

Molte delle sue istruzioni erano oltraggiose e spesso facevano sì che i capisquadra esperti che lavoravano da molto tempo la guardassero con sdegno e disprezzo. La signora Jin era consapevole della sua inesperienza e delle sue debolezze e sentiva che questi dipendenti la guardavano dall'alto in basso e la disprezzavano, quindi voleva vendicarsi.

Un mese dopo, Jin chiamò il responsabile delle risorse umane e gli gettò addosso i documenti, che si dimisero immediatamente. Il lavoro delle risorse umane fu affidato al responsabile delle finanze, che non aveva dimestichezza con il lavoro delle risorse umane e, sebbene commettesse qualche errore occasionale, non era un grosso problema.

Tuttavia, più il responsabile delle finanze veniva coinvolto nel lavoro delle risorse umane, più si affermava che il responsabile delle finanze era una figura politica con ambizioni di diventare amministratore delegato o dirigente, e che il responsabile delle finanze doveva limitarsi a svolgere il suo lavoro di responsabile delle finanze. Questo tipo di gestione ha creato un vuoto in molte funzioni dell'azienda.

La signora Jin pretendeva che l'amministratore delegato licenziasse i dipendenti che non le piacevano o con i quali aveva conflitti, i dipendenti che erano scontenti di lei e così via.

La signora Jin, che non aveva alcuna esperienza di vendita o di gestione, ha ignorato le richieste di aumento dei salari da parte dei dipendenti durante il processo di negoziazione degli stipendi, insistendo sul congelamento o su piccoli aumenti, e incorniciando i risultati come suoi successi nella riduzione dei costi.

Tuttavia, i bassi livelli salariali rispetto ad altre aziende del settore hanno portato a un alto tasso di turnover e l'azienda ha subito una grave perdita di produttività a causa dell'abbandono dei dipendenti più anziani e di una percentuale sproporzionatamente alta di dipendenti entry-level.

Questa mancanza di produttività ha portato a frequenti incidenti sul lavoro e, ogni volta che si verificava un incidente, il direttore generale nominale doveva scusarsi ed essere rimproverato dai clienti, invece della signora Jin, che era il vero direttore generale.

L'incompetenza e l'irresponsabilità della signora Jin durante le indagini sugli incidenti hanno portato alle dimissioni dell'amministratore delegato e alla fine il signor Bang, marito e proprietario effettivo della signora Jin, è diventato amministratore delegato dell'azienda.
Il signor Bang era anche responsabile della gestione sia della sede centrale che dell'azienda, il che significava che doveva fare la spola tra le due società e iniettare ulteriori fondi nell'azienda per coprire il deterioramento delle vendite e il deficit accumulato.

Sebbene il signor Bang sia diventato l'amministratore delegato, nelle riunioni formali la signora Jin, il revisore dei conti, spesso ignorava le opinioni del signor Bang e l'incapacità del signor Bang di far valere le sue opinioni con forza nella voce della signora Jin ha portato i dipendenti a riferirsi alla signora Jin come al presidente invece che al revisore dei conti.

Anche nelle riunioni pubbliche, la signora Jin respingeva le opinioni del signor Bang dicendogli che non conosceva la situazione interna dell'azienda e che aveva ragione perché era in azienda da molto tempo.

All'interno dell'azienda circolava la voce che la signora Jin avesse chiesto il divorzio dal signor Fang e che il signor Fang fosse talmente inorridito dalla prospettiva di dover cedere metà delle azioni dell'azienda alla signora Jin, per la quale aveva lavorato tutta la vita, che iniziò a sottomettersi ai suoi desideri per evitare di divorziare dalla signora Jin.

Dopo il cambio di amministratore delegato, il signor Bang, che credeva nella cartomanzia come la divinazione e il feng shui, pensava che il deterioramento dell'azienda fosse dovuto al fatto che i dipendenti facevano cose che il feng shui dice di non fare, o che la disposizione dei mobili dell'ufficio non fosse buona secondo il feng shui.

Pensò anche che la sfortuna delle persone chiave stesse ostacolando lo sviluppo dell'azienda, così mise in atto misure come la modifica della disposizione dell'ufficio e l'allontanamento delle persone sfortunate. I dipendenti dovevano sedersi e lavorare nella direzione favorevole, secondo la teoria del feng shui, e c'erano anche restrizioni di movimento, per cui dovevano entrare dalla porta posteriore anziché da quella anteriore.

Indipendentemente dalla bravura di una persona, il signor Bang ne controllava l'ora di nascita e i quattro pilastri del destino e, se non era brava, non la assumeva.

Quando le vendite dell'azienda crollavano, la signora Jin spesso criticava direttamente i capisquadra durante le riunioni, e lo stress ha portato più capisquadra e direttori generali a ricorrere a cure psichiatriche.

C'è stato anche un episodio in cui la sig.ra Jin ha partecipato a una presentazione per vincere un progetto e, non gradendo il contenuto dell'amministratore delegato che stava presentando il documento, è salita sul palco e ha fatto lei stessa la presentazione.

Tuttavia, quando l'amministratore delegato non è salito sul palco con un microfono e la signora Jin non è stata in grado di rispondere alle domande acute e professionali del pubblico e ha perso il progetto, la signora Jin ha rimproverato l'amministratore delegato per non essere salito sul palco e ha detto in una riunione formale che aveva perso il progetto a causa dell'amministratore delegato.

Il comportamento della signora Jin ha portato all'allontanamento di molti team leader e superiori stressati, e la produttività dell'azienda è diminuita perché i bassi salari impedivano di assumere persone di talento.

In un team, il tasso di turnover era così alto che solo uno dei dieci membri era rimasto in azienda per più di un anno, la formazione dei nuovi dipendenti era scarsa e non c'erano misure per prevenire gli incidenti.

La sede centrale dell'azienda ha intravisto l'opportunità di un ritorno sull'investimento e ha iniettato fondi attraverso ulteriori investimenti, ma le prestazioni di vendita non hanno mostrato segni di miglioramento.

Tuttavia, l'atteggiamento autoritario, l'irresponsabilità e l'incompetenza della signora Jin non sembrano migliorare e l'esodo del personale chiave, compreso il direttore generale, continua.

Le sorti dell'azienda, che avevano iniziato a volgere da positive a negative quando il signor Bang aveva assunto la direzione, non si sono risollevate e, nonostante gli sforzi della sede centrale per iniettare fondi, l'azienda è stata costretta a dichiarare bancarotta dopo uno o due anni.

Anche dopo il fallimento, il signor Bang e la signora Jin hanno continuato a sostenere che la causa del fallimento dell'azienda era da attribuire al signor Kim, l'amministratore delegato, e al signor Lee, il vicepresidente, che avevano assunto dopo l'acquisizione.

www.ingramcontent.com/pod-product-compliance
Lightning Source LLC
Chambersburg PA
CBHW081455220526
45466CB00008B/2656